독 서 생 활 자 의   특 별 한   유 럽 서 점   순 례

시간을 파는 서점

독서생활자의 특별한 유럽 서점 순례

시간을 파는 서점

글·사진 신경미

카모마일북스

책값의 1%는 장애인의 행복한 삶을 지원하는 밀알복지재단에 기부됩니다.

책을 내며

우리는 그렇게 서점 속으로 들어갔다.

 2010년 5월 5일. 아이들에게 어린이날 선물로 비행기를 태워준다며 비행기를 타고 네덜란드로 날아갔다. 남편의 유학 때문에 나역시 다니고 있던 학교에 휴직계를 제출하고 함께 떠났다. 많은 사람들의 여행 로망인 유럽에서의 유학은 비행기를 타는 어린이날 선물처럼 알록달록한 파스텔 색상의 풍선 같은 나날들이 결코 아니었음을 암스테르담 스키폴 공항에 도착하자마자 깨달았다.
 네덜란드에서 보낸 시간은 오래된 헌책방 한구석에 꽂힌 두툼한 한 권의 책과 같다. 고향을 떠난 낯선 나라에서 설렘과 흥분과 기쁨과 감동은 얄궂게도 그만큼의 괴로움과 외로움과 서글픔과 생채기가 난 마음들이 찰지게 반죽되어 말랑말랑한 이야기로 다시 태어났다. 네 명의 딸들과 함께 네덜란드를 시작으로 유럽의 서점 구석구석을 돌아다닌 경험들은 돈키호테의 모험 같았으며, 흥미진진

한 해리포터의 이야기 같기도 했고 산티아고 순례길 같기도 했다.

한국에서 선생님으로 살면서 장애를 가진 아이들을 가르쳤기에 본능적이면서 직업적으로 내 마음과 시선은 늘 교육과 사회적 약자에 머물러 있다. 그러한 내가 한국에서 태어난 주홍, 예홍, 수홍이와 네덜란드에서 태어난 은혜를 데리고 잘 알지도 못한 네덜란드와 인근 유럽 국가들의 서점과 도서관 등 책이 있는 곳을 찾아다닌 이유는 단지 교육적인 열망때문만은 아니었다.

워킹맘으로서 지나치게 부지런하지 못해서 아이들의 육아일기를 제대로 쓰지 못했다. 딸 하나의 이야기를 쓰기도 어려운데 네 딸들의 육아 이야기를 쓴다는 것은 〈미션 임파서블〉 영화를 찍는 것과 같았다. 육아는 전쟁 같은 시간이었다. 차라리 출근해서 일하는 것이 훨씬 편하고 좋은 것이라 느끼며 엄마로서의 삶을 꾸역꾸역 살아내었다.

네덜란드에서 육아에 모든 시간을 보내고 있던 나에게 삶의 보람은 둘째 치고 엄마로서의 뿐만 아니라 나 자신으로의 존재감을 느낄 수 있는 숨결이 필요했다. 자연스레 찾게 된 곳이 책이 있는 풍경들이었다. 네덜란드 시골의 드넓고 푸른 하늘과 잔디로 뒤덮인 자연을 바라보는 동안 힘겨웠던 시간들은 위로로 치환되었고, 그 기억은 글쓰기라는 시인의 감성과 의지로 더욱 선명해졌다.

나만의 늦은 육아일기를 쓰고 싶었다. 내가 엄마로 성장하는 '변신' 이야기를 글로 남기고 싶었다. 아이들이 한 살 두 살 자랄수록

엄마인 나도 한 살 두 살 먹는다. 풍경에 대한 추억을 떠올릴 때마다 산들바람처럼 일렁이며 다가오는 기억의 잔상이 있다. 이토록 아름다운 풍경과 느낌을 고이 간직하고 싶다는 강한 유혹. 그 유혹을 이기지 못해 유산처럼 남기고픈 이야기들을 써내려갔다.

    네덜란드에서 사는 동안 암스테르담 한글학교에서 중고등학생을 대상으로 한글을 가르치면서 해주었던 이야기들을 네 명의 딸들에게도 두런두런 소곤소곤 전해주었다. 그 시간과 공간이 대부분 책이 있는 풍경이다. 서점에서, 동화마을에서, 책마을에서, 도서관에서. 그렇게 나만의 육아일기를 쓰고 싶다는 생각의 씨앗은 내가 다닌 유럽의 서점공간에서 만난 책들, 사람들, 역사 등 유럽서점

책을 내며

의 문화를 많은 사람들과 나누고싶다는 생각으로 확장되었다.

 내가 머물렀던 네덜란드를 시작으로 벨기에, 독일, 프랑스, 포르투갈, 영국의 서점에 다녀온 기록을 독자들과 나누고 싶다. 내가 만난 유럽의 서점들은 책을 팔기도 했지만 서점을 방문하는 사람들에게 시간을 팔았다. 그 시간의 여정을 여기 책 속에 기록한다.
 한국에서도 서점에 내한 관심이 높다고 들었다. 한국인으로서 유럽이라는 낯선 지역에서 외롭기도 하였지만 다행히 서점이라는 공간을 통해 그리고 책이라는 매개를 통해서 문화의 중요성을 깨달았다.

책에 대한 역사와 문화가 고스란히 담긴 유럽의 서점들은 책만 파는 게 아니라 문화를 팔고 그 문화를 향유하는 시간을 판다. 네 명의 딸들과 서점을 다니면서 책 속에 길이 있다는 말을 노골적으로 아이들에게 해 준 적이 없다. 오히려 책을 읽는 동안 길이 아닌 결핍을 발견한다. 결핍을 느끼는 자가 책을 찾는다. 그냥 아이들을 책이 있는 곳으로 데려가고 그 책 속에 숨겨진 이야기들을 끄집어 전해주었다. 종종 아이들이 만들어낸 이야기에 귀기울여 들어주기도 했다. 언젠가는 우리 아이들도 그 책들이 말해주는 것이 무엇인지 깨달을 날이 오겠지. 나의 아이들이 그것을 깨닫는 날을 꿈꾸면서, 우리는 그렇게 서점 속으로 들어갔다.

어느 날 문득 너무나도 멀리 떨어진 네덜란드에서 인터넷 공간을 통하여 알게 된 〈출판저널〉 정윤희 대표님과의 인연도 감사하다. 나와 내 딸들의 모습을 그려준, 대학시절부터 함께 우정을 나눈 속깊고 유쾌한 친구 주연이에게도 고마움을 전한다.

'지금'이라는 시간과 공간을 함께 해 온 사랑하는 딸들 주홍이, 예홍이, 수홍이, 은혜와 남편 경훈 씨에게 진심으로 감사의 마음을 농염하게 표현해 본다. 네덜란드라는 낯선 타향에서 살고 있는 우리들을 위해 기도해주신 양가의 부모님들께도 깊이 감사드린다. 이 모든 일에 함께 해주신 하나님을 향하여 두렵고 떨리는 마음으로 감사와 찬양으로 노래 부른다.

2018년 5월, 신경미

목차

책을내며 우리는 그렇게 서점 속으로 들어갔다 5

1부
네덜란드에서 시간을 파는 서점을 찾아 출발

1장 꿈꾸는 책들의 도시 17
유럽의 최대 책장터 · 고서점 거리 · 당신을 위한 책을 만들고 인쇄합니다
북하우스 · 끄네벨 꼬믹스 · 파피루스 · 쁘람스트라 · 헷 안티크아리아트 · 알터노트

2장 암스테르담의 독립서점 47
암스테르담 시립미술관 서점 · 부칸들 로버트 쁘렘셀라 · 멘도 · 부키 우키
타셴 · 아키텍추라 앤 나추라

3장 네덜란드의 역사적인 자부심이 서린 서점 69
아테네이움 부칸들 · ABC · 스헬트마 · 드 킨더북빈클

4장 헤이그의 알록달록한 서점들 99
판스토쿰 · 팩맨 · 스탠리 앤 리빙스톤

5장 세상에서 가장 아름다운 서점 119
부칸들 도미니카넌

6장 나만 알고 있을 것 같은 아름나운 서점 127
반더스 인 더 브루어른

7장 책마을에서 공정여행을 배우다 141
네덜란드의 책마을 브레이더포르트

2부
벨기에와 프랑스의 매력적인 서점들

1장 사라지는 책들의 운명이 되살아나는 책마을 157
벨기에의 책마을 흐뒤

2장 브뤼셀의 정말 예쁜 서점들의 매력에 푹 빠져 보실래요? 175
트로피슴 · 르 울프

3장 세상에서 가장 맛있는 서점 191
쿡앤북

4장 푸른 수레국화가 그려져 있는 책방 205
르 블뤼에

5장 그때도 지금도 예술적인 장소 221
셰익스피어 앤 컴퍼니

6장 역사 속으로 사라진 책의 도시 리옹의 어느 멋진 서점 237
르 발 데 아르덴츠

3부
독일, 영국, 포르투갈의 서점 속으로

1장 숨은 보석 같은 무한대의 감동을 주는 서점 249
노이서 부흐 운트 쿤스트안티쿠아리아트 · 마이어셰 드로스테 · 후겐두벨

2장 하인리히 하이네의 생가가 서점과 문학카페로 273
하인리히 하이네 하우스

3장 런던 최고 서점과 최대 서점의 향기 287
워터 스톤즈 · 해저즈

4장 파두의 선율을 닮은듯한 리스본의 서점들 299
버트란드 · 리브라리아 레르 데바가르

5장 전통과 아름다움으로 시작한 서점의 변화 317
포르투 렐루

에필로그 시간을 파는 서점에서 다시 일상으로 334

참고자료 339

책에 수록된 서점 정보 341

편집후기 351

캐릭터 일러스트_이주연

독서생활자 '네딸랜드'의 특별한 유럽 서점 순례

네덜란드

1. 데이븐떠 책 장터
2. 당신을 위한 책을 만들고 인쇄합니다, 알터노트
3. 북하우스
4. 끄네벨꼬믹스
5. 파피루스
6. 쁘람스트라
7. 헷 안티크아리아트
8. 암스테르담 시립미술관
9. 부칸들 로버트 쁘렘셀라
10. 멘도
11. 부키 우키
12. 타센
13. 아키텍추라 앤 나추라
14. 아테네이움 부칸들
15. ABC
16. 스헬트마
17. 킨더북빈클
18. 판스토쿰
19. 팩맨
20. 스탠리 앤 리빙스톤
21. 부칸들 도미니카넌
22. 반더스 인 더 브로우어른
23. 책마을 브레이더포르트

서유럽

1. 벨기에 책마을 흐뒤
2. 토로피슴
3. 르 올프
4. 쿡앤북
5. 르 블뤼에
6. 세익스피어 앤 컴퍼니
7. 르 발 데 아르덴츠
8. 노이서 부흐
9. 마이어셰 드로스테
10. 후겐두벨
11. 하인리히 하이네 하우스
12. 워터스톤즈
13. 해저즈
14. 버트란드
15. 레르 데바가르
16. 포르투 렐루

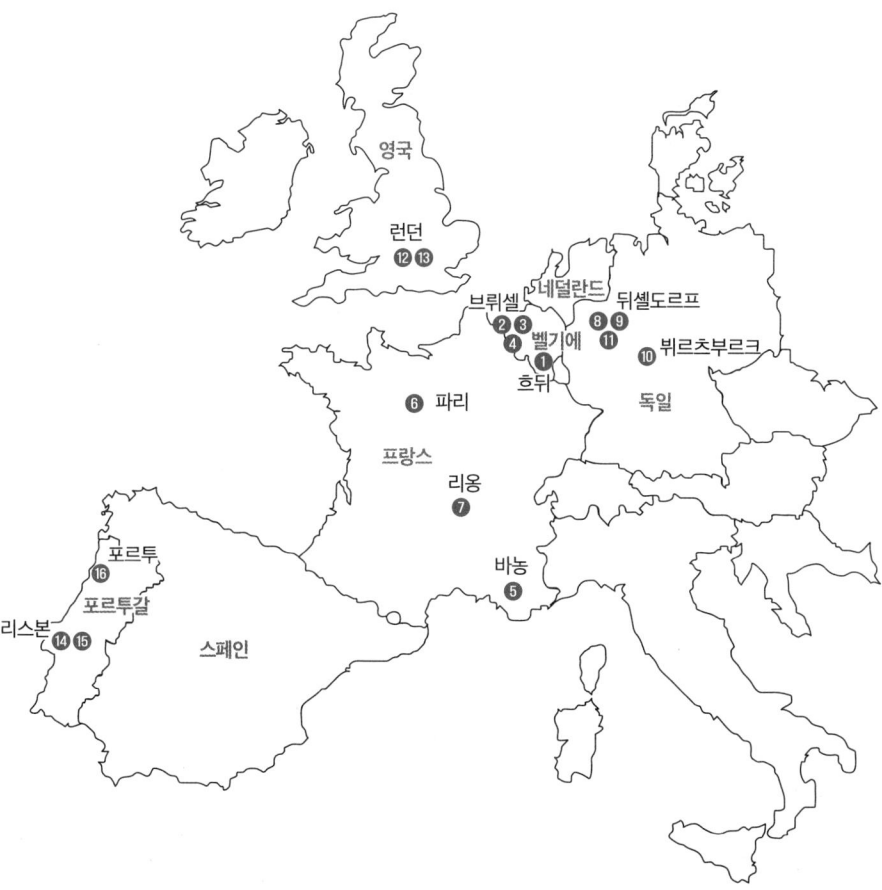

독서생활자
'네딸랜드'의 특별한
유럽 서점 순례

1부
네덜란드에서 시간을 파는 서점을 찾아 출발

1장 꿈꾸는 책들의 도시
유럽의 최대 책장터 · 고서점 거리 · 당신을 위한 책을 만들고 인쇄합니다
북하우스 · 끄네벨 꼬믹스 · 파피루스 · 쁘람스트라 · 헷 안티크아리아트 · 알터노트

2장 암스테르담의 독립서점
암스테르담 시립미술관 서점 · 부칸들 로버트 쁘렘셀라 · 멘도 · 부키 우키
타셴 · 아키텍추라 앤 나추라

3장 네덜란드의 역사적인 자부심이 서린 서점
아테네이움 부칸들 · ABC · 스헬트마 · 드 킨더북빈클

4장 헤이그의 알록달록한 서점들
판스토쿰 · 팩맨 · 스탠리 앤 리빙스톤

5장 세상에서 가장 아름다운 서점
부칸들 도미니카넌

6장 나만 알고 있을 것 같은 아름다운 서점
반더스 인 더 브루어른

7장 책마을에서 공정여행을 배우다
네덜란드의 책마을 브레이더포르트

1장
꿈꾸는 책들의 도시

"위대한 작가는 그의 가장 신성한 곳, 즉 겹겹이 잠가두었던 방문을 열어 보이면서 독자를 그 안으로 들어오도록 허락한다."
- 발터 뫼어스, 《꿈꾸는 책들의 도시》 중에서 -

그래서 들어가 보고 싶었다. 위대한 작가가 신성시 여기는 영역을 허락받고 침범하고 싶은 마음에 두꺼운 책을 집어 들고 소설 속 공간인 '부흐하임'이라는 미지의 세상을 떠돌아다녔다. 그곳에서 만난 위대한 작가는 독일 루르 지역 묀헨글라트바흐 출신의 발터 뫼어스와 미텐메츠이다. 그들이 보여주는 책에 대한 애정과 책 세상으로 떠난 모험과 인생은 무료하리만치 반복되는 나날에 던져진 화려한 도전장이었다.

감히 책이 꿈을 꾼다고? 책은 어떤 꿈을 꿀까? 그래서 그 꿈이 이루어졌을까? 늘 그렇듯이 아이들과 나는 그 꿈을 찾아 터벅터벅

걷기도 하고 달리기도 하고 기차도 타며 모험 길을 떠났다. 아무도 발견하지 못한 꿈의 도시, 꿈꾸는 책들의 도시로. 우린 그렇게 이름 지었다. 우리 눈에만 보이는 핑크빛 판도라 상자를 찾아 나섰다. 반지의 제왕 원정대처럼, 해리포터와 친구들처럼.

유럽 최대의 책 장터가 열리는 곳
데이븐떠

"공식적으로 등록된 고서점이 무려 5천 개가 넘고 소규모 서점은 더 많고 600개가 넘는 출판사와 55개나 되는 인쇄소가 있으며 십여 개의 종이 공장이 있는 곳. 납 활자와 인쇄용 검정 잉크 생산 공장이 있으며 장서표를 파는 서점이 별도로 있고 책 받침대만 만드는 석공이 활발히 일하는 곳. 독서대와 서가들로 가득 찬 가구점이 늘어서 있으며 독서용 안경과 돋보기를 파는 안경점이 활개를 치며 찻집마다 24시간 벽난로를 켜고 시인들의 작품 낭독회가 늘 넘쳐나는 도시. 행여 책이 불살라질까봐 수많은 소방차들이 대기하고 있는 도시." - 발터 뫼어스 《꿈꾸는 책들의 도시》 중에서 -

그곳은 발터 뫼어스가 가상도시로 이름 지은 부흐하임의 풍경이다. 어쩐지 이 풍경이 데자뷰 같이 다가와 지금 이 순간 내가 서 있는 이곳, 데이븐떠Deventer가 부흐하임이 되어 버린다.

유럽 여행의 묘미 중 하나는 심심찮게 열리는 벼룩시장에 가서 의외의 물건들을 구경하고 저렴하게 혹은 생각보다 비싸더라도 유

2018년 8월 5일 데이븐떠에서 유럽 최대의 책 장터가 열린다. (출처: www.deventerboekenmarkt.nl)

일한 물건을 사는 일이다. 기대치 않았기에 그 물건이 숨겨진 보석 같이 느껴지기도 하고 반대로 기대감이 커서 그 물건들이 거기서 거기라는 하찮은 물건으로 보이기도 한다. 보석과 보잘 것 없는 돌로 나뉘는 것은 그 물건을 대하는 내 마음에 달린 게 아닐까?

해마다 8월 첫주 일요일에 유럽 최대의 책장터가 데이븐떠에서 열린다. 데이븐떠는 과거 찬란한 부유함을 누렸던 한자동맹 도시로 아이젤IJssel 강을 끼고 있는 아름다운 중세도시이다. 1989년에 시작된 책 장터Boekenmarkt는 2018년에 서른번 째 축제가 된다.

데이븐떠는 아이젤강을 끼고 있는 중세도시로 1989년에 시작된 책 장터는 2018년 서른번 째를 맞는다.

고즈넉한 도시는 책 장터가 열리는 날이 되면 아이젤 강 중심으로 가장 번잡한 도시로 탈바꿈 한다. 무려 900여 개에 가까운 책 부스와 마을 구석에 자리한 고서점과 서점들 역시 유럽 각지에서 모여드는 손님맞이로 분주하다.

자그마치 약 13만 명의 책사냥꾼들이 모여드는 거대한 책축제이다. 여기저기에서 음악이 흘러나오고 누구라도 축제 분위기에 자연스럽게 빠져든다. 또한 가든파티가 곳곳에서 열린다. 전시장으로 변한 골목에는 수많은 미술품들이 으스대고 있다. 조금 음습해 보이는 곳에서는 여지없이 시를 낭송하는 이들이 있어 정감이 넘치는 따스한 공간으로 변신한다. 마을 전체가 앤티크 갤러리가 되어 버린다. 그도 그럴 것이 데이븐떠는 네덜란드의 고도古都이기에 오래된 집과 오래된 공원과 오래된 아테네 도서관이 몰려 있어 그 운치를 더하기 때문이다.

인구 10만 명의 도시 데이븐떠는 거대한 유산을 품고 있는 저력 있는 도시이다. 9세기에 생성된 이 도시는 15세기에 이르러서 책의 도시로 유명해졌다. 가까이 있는 독일의 영향을 받아 일찍부터 인쇄업이 발달된 도시이다.

1477년에 리샤드 파르랏Richard Paffraet가 최신 인쇄술을 사용하여 첫 책을 인쇄한 이력이 있으며 함께 작업했던 야콥 판 브레다Jacob van Breda는 더치 북 출판사를 차린다. 출판의 도시라는 명성은 당시 작가와 출판 관계자들에게 널리 알려져 있었으며, 그 명성은 오늘날 수많은 책과 관련된 행사가 이루어지는 것으로 유지된다.

첫 해에는 주민 50명이 모여 순수문학 서적, 희귀 서적 그리고

(출처: www.deventerboekenmarkt.nl)

특별판을 펼친 소규모 책 장터로 시작되었다. 한 해 한 해 거듭될수록 행사내용은 다채로워지고 규모는 점점 커졌다. 매년마다 변함없이 거대한 책의 도시 Boekenstad 데이븐떠의 베르그 교회 Bergkerk를 중심으로 아이젤 강가를 따라 수많은 책들의 향연이 펼쳐진다.

토크쇼와 토론대회, 나치 시절 하의 레즈비언과 게이들의 소수 인권에 관한 논쟁에도 참여할 수 있으며 북아트, 페이퍼 아트, 음악가들과 함께 즐기는 문학 축제를 구경하면서 축제를 즐기는 것은 덤이다.

수많은 방문객들은 마을에 아직 남아 있는 아홉 개의 고서점 Antiquariaat Jos Wijnhoven, Gedrukt en Geknipt voor U, Antiquariaat De Kameleon, Das Gute ist immer da, En passant, Papyrus, Oude Liefdes, ZiNiZ/E-L-G: exlibris, libris, grafia, Webwinkel Bonbonboek이 수록된 지도를 받을 수 있다.

시간의 미로를 담은 고서점들

마치 이탈리아 북부에 있는 부라노 섬의 알록달록함이 연상되는 골목이 나타난다. 우리가 가고자 한 고서점 거리의 첫인상이었다. 대체로 중세도시는 그 나름의 독특한 색이 있다. 붉은기가 감도는 벽돌색의 중후한 건물들과 울퉁불퉁한 돌바닥 길이 드러나는 시간의 색. 하지만 헌책방과 고서점의 이미지를 떠올리기에 생소한 파스텔 색상의 고서점 거리가 어울린다는 발상이 얄궂지만 이내 인정해버린다. 더욱 놀라운 것은 여름에 이 골목은 색동 같은 우산들로 하늘을 덮는다. 수많은 아티스트들이 여름날 책장터의 흥겨움을 더해주기 위해 만든 거리 예술이다. 아이들이 흥분하며 좋아하는 움직임이 우산의 싱그러움 속에 빨려 들어간다.

고서점 간판

고서점 거리 입구

고서점,
당신을 위한 책을 만들고 인쇄합니다 Gedrukt en Geknipt voor U

당신을 위한 책을 만들고 인쇄합니다 Gedrukt en Geknipt voor U는 고서점 거리에서 제일 먼저 눈에 들어오는 서점이다. 하늘색과 주황색으로 칠해져서 그렇다. 두 서점이 서로 마주 보고 있다. 서점 이름처럼 한 군데서는 책을 만들고 다른 한 군데서는 인쇄하는 것일까라는 단순한 상상을 해보았으나 그건 아닌 것 같았다. 아니 과거에는 그럴 수도 있었겠지만. 주인은 이쪽 혹은 저쪽에 머물면서 자신이 어디에 있다는 메모를 남겨놓고 왔다갔다 한다.

고서점인 당신을 위한 책을 만들고 인쇄합니다는 지금까지 4만 명 가까이 방문한 명소이다. 미디어에 여러 차례 소개된 서점 주인 아저씨는 역사적인 책의 도시에서 서점을 운영한다는 것에 대한 인생론을 펼친다. 문학, 대중소설, 역사, 스포츠에 관련된 책을 만들고 출판하며 다양한 방법으로 책을 맞춤형으로 제작해 준다. 예술 포스터, 저널, 신문, 브로슈어, 각종 문서들을 출판 제작한다. 요즘 유행하는 독립서점과 자가출판을 겸한 고서점이다. 동시에 역사와 문화적으로 가치가 있는 고서들을 판매하는 곳이 한 장소에서 이루어지는 셈이다. 골동품도 서점 내부에 전시되어 있다. 그 자체가 앤티크가 되어버린다. 골동품들은 적어도 100년을 이어 온 전통이다. 골동품 주변에는 엽서와 카드가 함께 있어 시대를 한눈에 살펴보는 즐거움이 있다.

당신을 위한 책을 만들고 인쇄합니다는 고서점 거리에서 제일 먼저 눈에 들어오는 서점이다.

당신을 위한 책을 만들고 인쇄합니다 서점 내부

고서점 - 북하우스Boek Huis

북하우스Boek Huis는 정말 헌책방 같다. 입구에서 들어서자마자 바닥부터 천정까지 쌓인 책들이 뿜어내는 큼큼한 책 냄새가 풍겨 왔다. 다소 촌스러워 보이는 데코와 먼지가 앉아 있을 것 같은 빛바랜 책들이 가득한 곳이다. 자세히 보니 책마다 메모지가 붙어 있다. 사람들이 앉아서 혹은 서서 이 서점을 부지런히 탐색한다. 조만간 정리를 할 모양이다. 비교적 싼 가격으로 책을 판매하고 있다.

네덜란드 도시 곳곳에는 중고장터가 있다. 거기에서 뭔가 싸게 물건을 살 수 있겠지라고 생각하면 큰 오산이다. 절대 싸지 않다. 어떤 물건은 정가 수준이다. 적어도 반값이겠지 하고 기대하는 것은 순진한 상상이다. 왜냐하면 한국 사람이 가지고 있는 중고품과 네덜란드 사람들이 생각하는 중고품에 대한 개념이 현저하게 차이가 나기 때문이다. 쉽게 말해서 한국은 포장도 뜯지 않은 새 제품이라도 누군가가 구입을 했으면 바로 중고품으로 전락하여 반값 수준까지 가격이 떨어지지만 네덜란드는 전혀 그렇지 않다. 비록 내 눈에 허름해 보이고 쓸모없어 보여도 중요한 가치를 담고 있으면 그 가치에 의해 물건 가격이 책정된다. 심지어 어떤 것은 정가와 같다. 그야말로 액면가가 그 물건의 가치를 증명해 보이는 수단이다. 이는 신뢰를 바탕으로 한 사회이기에 가능한 시스템이다. 어느 누구도 중고품에 책정된 가격에 이의를 제기하지 않는다. 단지 협상만 할 뿐이다. 손님과 가격 흥정을 하다가 주인이 이 물건은 이 정도 받아야 한다면 그것으로 인정된다. 여기에 경매 원리가 작용하기도 하지만 대체로 물건의 가격을 그대로 인정해 준다. 중고장터는 물건을 싸게 팔고 사는 곳이 아니라 내가 필요로 하고 내가 원하는 물건이 있는지 알아보는 장터이다.

그러한 중고품 매매 문화가 자리 잡고 있는 가운데 도서정리가 이루어지니 소비자 입장에서는 반가운 마음에 그 서점에 몰려든다. 나도 평소보다 저렴한 가격으로 책을 살 수 있어서 열심히 책을 뒤적거렸다.

다양한 분야의 독일어, 프랑스어, 영어, 이탈리아어 책들이 널려 있어 오히려 고르기에 힘들었지만 오랜만에 책을 뒤적거려보는 것이 좋았다. 그러다가 우리는 화가들의 그림을 소개하는 책을 제일 많이 들추어 보았다. 결국 인상파 화가들의 작품집을 골랐다.

책방 아저씨는 나에게 영어판을 원하는지 네덜란드어판을 원하는지 물었다. 자주 받게 되는 질문이라 이번에도 웃으면서 대답하

북하우스는 정말 헌책방 같다.
입구에서 들어서자마자 바닥부터 천정까지 쌓인
책들이 뿜어내는 책 냄새가 풍겨 왔다.

북하우스에서 책을 고르는 사람들

였다. 아이들용은 네덜란드어판을 사고 나는 영어판을 주로 샀지만, 영어판이 더 깨끗해서 영어판을 샀다. 그러다가 서점 주인과 몇 마디 이야기를 나누었다. 혹시 정부에서 헌책방 지원책이 있는지, 보조금이 나오는지…

그들 눈에 이방인인 내가 이러한 질문을 하는 것이 생소해 보였나 보다. 서점 주인은 그렇지 않다고 대답한다. 정부지원이나 보조금 없이 순전히 자신들이 운영한다는 것이다. 그 대답을 들은 후에 더 이상 묻지 않았다. 왜 서점 문을 닫느냐고.

요새 조금씩 경기가 살아날 뿐이지 유럽의 경제가 많이 어렵다. 워낙 검소하고 절약하며 사는 네덜란드인일지라도 불황 같은 나날을 견디는 것은 쉽지 않다.

책의 도시답게 여러 가지 책 행사를 많이 할 때마다 서점 주인들은 주최자이면서 참여자가 되어 함께 어우러질 뿐이다. 그리고 전반적인 비용은 대부분 지역사회나 굴지의 기업들이 후원을 하여 이루어진다.

이벤트성이 가득한 행사에는 남녀노소 외국인 내국인 할 것 없이 멀리서 모여들어 흥왕함을 드러내지만 평소에는 짠돌이 짠순이들이 살아가는 나라이다. 헌책방에는 점점 젊은 사람들의 발걸음이 줄어들고 있지만, 자신의 숨겨진 가치를 알아봐 줄 누군가를 하염없이 기다리는 고서섬의 운명은 몇몇 고서점에 의해 유지되어 왔다. 그러기에 고서점 거리에 한 면을 차지했던 책방 하나가 사라지는 것에 대한 안타까움이 몰려 온다. 새로운 서점이 들어서는 반가움과 함께.

끄네벨 꼬믹스 Knibbel Comics

아테네이움 신전 도서관에서 비교적 가까운 곳에 있는 만화책 서점은 아이들이 가장 즐거워 한 곳이다. 벨기에·프랑스·이탈리아·네덜란드 모두 어린이책과 그림책을 잘 만드는 곳이다. 아울러 만화책을 거의 문학과 예술 경지로 끌어올린 나라다. 그러기에 만화책이라고 가벼이 여겨서는 안 된다.

끄네벨 꼬믹스 Knibbel Comics 서점 안에 들어서자 각종 만화 캐릭터들이 환영해 준다. 만화책과 함께 DVD도 판매하고 있다. 물론 영화로 제작된 만화인 경우에는 포스터도 붙어 있다. 우리 아이들이 가장 시간을 많이 보낸 곳이다. 만화를 보느라 이곳에서 오래 머물렀다.

끄네벨 꼬믹스 서점 안에 들어서자 각종 만화 캐릭터들이 환영해 준다.

30년 전에 세워진 누브 베이스드 서점과 고대 파피루스 서점이 합병되어 지금의 파피루스 서점이 되었다.

파피루스 Papyrus

   30년 전에 세워진 누브 베이스드 Neuve Based 서점과 고대 파피루스 Papyrus 서점이 합병되어 지금의 파피루스 서점이 되었다. '단 하나의 취향'을 내걸고 운영되는 이 서점은 좁은 현관문에 비해 내부는 훨씬 넓고 근사했다.
   지형, 예술, 체스, 자연, 포토 그래피 관련 책들과 프랑스의 소도시 쁘스와흐 Pochoirs 의 그림책을 소장하고 있는 의미 있는 서점이다. 지구본과 골동품들이 서점 내부에 장식되어 있어서 보는 재미도 쏠쏠했다. 서점 중앙에 마련된 책상에 앉아 퍼즐도 맞추다가 책도 보다가 서점 주인 할머니와 도란도란 이야기도 나누다가 나온 곳이다. 찰스 디킨스 소설이 유독 많이 보인다.

파피루스 서점은 좁은 현관문에 비하면 내부는 훨씬 넓고 근사했다.

쁘람스트라 Praamstra

크리스마스를 앞둔 축제인 디킨스 축제가 활발하게 펼쳐지는 광장 어귀에 있는 2층 건물의 서점이다. 쁘람스트라 Praamstra 서점은 평소에도 문화행사가 자주 일어나는 곳이다. 각 분야의 음악가들이 공연하고 관객들과 소통하는 곳이다. 서점 2층에 문화이벤트를 할 만한 공간이 있다. 재즈 공  연과 기타 연주와 가수들의 미니 콘서트까지 늘 풍성한 공연이 있다. 물론 작가와의 대화 이런 이벤트는 기본이다. 데이븐떠에서 최근 서적을 파는 서점을 찾는다면 주저 않고 쁘람스트라로 향하는 사람들이 많다.

서점 어느 곳에 가도 어린이가 놀만한 공간이 있다. 색칠할 수 있는 도안이 그려진 종이와 색연필, 그림책, 헝겊책, 간단한 목마가 있어서 언제든지 아이들이 서점을 친숙하고 편안한 곳으로 인지하게 한다. 그러다가 책을 고르면 여지없이 사달라고 한다. 나는 아이들과 대화를 나눈다. 이 책이 왜 마음에 들었는지, 왜 이 책을 사고 싶은지 등등의 이야기를 나눈 후에 살만한 책은 사고 그렇지 않은 책은 도서관에서 빌려본다. 난 이런 것이 좋다. 옷이나 신발, 책은 직접 눈으로 확인하고 사는 것이 더 현명한 선택이었다는 생각을

쁘람스트라 서점은 평소에 문화행사가 자주 일어나는 곳이다.

쁘람스트라 서점 2층에는 책을 읽고 이야기를 나눌 수 있는 공간을 구성했다.

많이 한다. 시간과 공간의 제약 때문에 온라인 쇼핑몰을 이용하는 경우도 많지만 그래도 직접 보고 느끼는 것이 덜 후회스럽다. 대안적인 방법으로 직접 가서 꼭 확인하고 나중에 온라인 쇼핑몰을 이용하더라도.

나는 가급적 우리 아이들과 서점에서 직접 책을 들추어보고 고르는 습관을 갖게 해주려고 한다. 서점에서 이리저리 기웃거리며 사색에 잠기는 시간의 가치는 온라인 쇼핑몰에서 가격과 판매 경향만 살피고 사는 책과는 하늘과 땅 차이라는 것을 살면서 언젠가는 터득하지 않을까라는 기대 때문이다.

'선善은 항상 그곳에'

쁘람스트라 서점과 비교적 가까이에 있는 헷 안티크아리아트 Het Antiquariaat ; Das Gute Ist Immer Da 서점은 골목 끝자락에 위치해 있다. 방문하기 위해 작정하고 들어간 곳이 아니라 지나가다가 우연히 서점 진열대 매력에 이끌려 들어가게 되었다. 나중에 알고 보니 이 마을에서 유명한 고서점이다. 서점 이름이 꽤나 의미심장하다. 네덜란드어와 함께 독일어로 되어 있는 서점 이름은 '선善은 항상 그곳에 Das Gute Ist Immer Da'라는 의미를 가지고 있다.

헷 안티크아리아트는 2001년에 문을 열었고 초기에는 독문학과 역사책 위주로 판매하였다가 분야를 확대하여 생물학, 지역 역사, 시, 그리스 로마 고전, 학교 지도와 프랑스· 네덜란드· 독일· 이탈리아 책까지 다루게 되었다. 다수의 초기 판본도 보유하고 있는 유서 깊은 서점이다.

매달 '시詩의 밤'을 가지며 작가나 전문가와 함께 죽은 시를 다시 낭독하고 재해석하는 모임을 진행한다. 참 멋있다. 죽은 시를 살려내는 모임을 책 냄새 풀풀 나는 고서점에서 한다는 것은 얼마나 멋진 일인가! 그들에게 있어 죽은 시를 살리는 방법은 토론인가 보다. '시의 밤' 시간은 모두가 잃어가고 있는 것에 대한 무언가의 향수에 젖어드는 시간이다. 최대 25명까지 참여한 기록을 가지고 있다.

고서점은 나름대로 다 운치가 있지만 헷 안티크아리아트 서점이 제일 인상 깊었다. 밖의 진열대 풍경도 독특하지만 서점 안으로 들어서면 미로 같은 특유의 풍경에 압도당한다. 중고책만 파는 것이 아니라 희귀본, 고서적, 현대 서적 모두 다루고 있지만 이곳에서는 추억과 향수를 전문적으로 파는 서점이라고 여겨진다. 잃어버린 선善, 잃어가고 있는 선善까지 한 곳에서 엮어내려는 서점이다. 서유럽에서 다소 동양적인 분위기를 자아내는 서점이다. 온고지신溫故知新의 힘을 이들은 알고 있는 것 같다.

커다란 지도가 펼쳐진 벽 아래에는 유명화가들의 명화 포스터가 있다. 곳곳에 옛날 시계들이 있어 우리 아이들은 장난감 구경하듯 요리조리 살핀다. 지하로 내려가는 계단도 아이들에게는 놀잇감이었다. 마치 지하세계를 탐험하는 기분이었나 보다. 책들이 쌓인

네덜란드어인 헷 안티크아리아트 이름과 함께 독일어로 되어 있는 'Das Gute Ist Immer Da' 서점 이름은 '선善은 항상 그곳에'라는 의미를 가지고 있다.

헷 안티크아리아트 서점 안으로 들어가면 미로 같은 특유의 풍경에 압도 당한다.

틈새로 보이는 또 다른 책더미들은 아이들에게 새로운 세상을 엿보는 창이다.

그동안 고서점을 많이 다녀보았지만 지하로 내려가서 미로 찾기 하듯 다닌 것이 아이들에게는 정말 신기했나 보다. 사실 나도 지하로 연결되는 고서점은 처음이었던 것 같다. 지하실 냄새보다 책 냄새가 더 진했다. 다행히 지하에 습기가 차지 않는다. 건조한 지역이기에 지하에 가득 쌓여있는 책들이 무사히 보존되고 있는 것 같다.

한참이나 서점 안을 구경하다가 박물장수 보따리에 들어있음직한 여러 가지 소품들도 구경하고 밖으로 나왔다. 서점 아저씨가 아이들에게 말을 건다. 잘 구경했느냐고. 아이들은 웃으며 한 마디씩 거든다.

고서점 거리에 톡톡 튀는 서점이 하나 있는데 바로 알터노트이다.

시간을
파는 서점

헌책방을 지나서 만난 선물가게 책방 알터노트 Alternote

고서점 거리에 톡톡 튀는 서점이 하나 있는데 바로 알터노트 Alternote 다. 밖에서 바라본 서점은 다른 서점들과 그리 별다르게 보이지 않는다. 그런데 한 번 들어가니 다시 나오기 싫을 만큼 너무 예쁜 서점이었다. 읽고 싶은 책이 가득한 공간이라기보다는 선물하고 싶은 책들이 가득한 서점이다. 아이들이 가지고 싶다고 외칠만큼 예쁜 팬시 제품, 노트, 연필, 열쇠고리가 가득한 서점이라 쉽게 이곳에서 빠져나오기 힘들었다.

여기서 둘째 딸이 고른 책을 큰아이 생일선물로 주기로 했다. 우리끼리의 비밀이 생긴 곳이다. 첫째 딸에게 줄《마틸다 네덜란드어로 번역된 책이며 한국어 번역본도 있다》라는 책이다. 네덜란드어 책을 사고, 친구들의 생일파티에 가져갈 작은 선물도 사서 아이들에게는 기억에 남은 서점이 될 것 같다. 아이들은 자기가 가지고 싶은 것을 친구 생일 선물로 산다. 순진한 딸들이 고맙다.

알터노트에는 선물하고 싶은 책들과 소품이 가득한 서점이었다.

알터노트 서점 내부

꿈꾸는 책들의 도시에서 빠져나오며

"고서점의 책 먼지가 좋은 사람들. 절망스러울 정도로 케케묵은 향을 찾아오는 사람들은 때때로 레몬향기를 연상케 하는 시큼한 냄새에도 콧노래를 부를 사람들이다. 꿈꾸는 책들의 도시에 오면 자극적인 방향이기도 하고 지적인 느낌을 주는 인쇄용 검정 잉크의 향을 맡게 된다. 그리고 끝에 가서는 무엇보다도 마음을 진정시키는 나무 냄새에 편안함을 느낀다."

- 발터 뫼어스,《꿈꾸는 책들의 도시》중에서 -

고서점 거리 풍경

    데이븐떠에는 책들이 꾸는 꿈이 있다.
    책이 제대로 살아 있는 것도 아니고 그렇다고 제대로 죽은 것도 아니고 그 중간인 잠에 빠져 있는 상태에 있기 때문 - 과거에 존재했다가 이제는 소멸을 앞두고 있고 꾸벅꾸벅 졸고 있다 - 에 오직 수집가의 손에 의해 발견되어질 때, 책을 구입해서 서점에서 들고나갈 때, 그 책은 잠에서 깨어 새로운 생명을 얻을 수 있었다.
    데이븐떠 고서점 거리에 있는 모든 책들이 꿈꾸는 것은 바로 그런 것!

2장
암스테르담의 독립서점

개성이 묻어나는 유일한 서점, 문화가 있는 그곳에 가고 싶다

내가 사랑하는 미술관 중의 하나인 암스테르담 국립미술관에 Rijksmuseum 가면 종종 렘브란트와 요하네스 베르메르의 그림들 앞에 한동안 시선을 두게 된다. 이 그림들뿐 아니라 누군가 무엇인가에 몰두하고 있는 모습을 담은 사진이나 그림 앞에서는 마치 전염되듯이 잠시 몰입의 시간을 갖게 되는 경험들이 있다.

저 편지를 읽는 여인의 마음도 입고 있는 옷처럼 푸르른 마음일까? 뱃속의 아이에게 어떤 진솔한 이야기를 전하는 편지일까? 아니면 남편에게서 받은 편지일까? 내가 편지를 읽는 모습도 저런 모습이려나? 책 읽는 노인처럼 진중하게 글자 하나하나를 짚어가며 읽고 있던가? 내가 책을 읽는 모습이 다른 이에게는 어떻게 비추어질까? 조심스럽게 그림들 앞에서 질문을 던진다.

이내 책을 읽는 공간에 따라 그 모습이 전하는 분위기가 다를 것이라는 신선한 기대감을 가지고 움직이게 되었다. 전 세계의 다양한 민족이 몰려산다는 국제도시인 암스테르담에서는 그러한 풍경이 어떻게 펼쳐질 것인가는 생각만 해도 어린 시절 소풍 가기 전날의 기대감처럼 다가온다. 130여 개에 이르는 수많은 서점들이 보이는 곳에 혹은 숨겨진 곳에 위치한 그러면서도 절대 똑같지 않은 유일한 서점으로 존재하는 그 책방 하나하나에서 책을 읽는 이들의 모습은 어떨까.

암스테르담 시립미술관 Amsterdam Stedelijk museum 서점

암스테르담 국립미술관을 나와 박물관 광장 앞을 지나 반 고흐 미술관 근처에 있는 암스테르담 시립미술관 Amsterdam Stedelijk museum 안에 정말 근사한 예술서점이 있다.

가끔 반 고흐 미술관에 들어가려다가 사람이 너무 많을 때면 미술관 서점에 들어가 조용한 시간을 가지거나 시립미술관에서만 느낄 수 있는 아름다움을 천천히 감상한다. 미술관 내 서점답게 각종 도록과 아트 서적, 사진집, 네덜란드어를 잘 몰라도 충분히 즐길 수 있는 예술서적들이 비치되어 있다. 공간을 아우르는 분위기 역시 심상치 않다. 책을 들춰보는 사람들도 예술가가 아닐까 싶을 정도로 모두 진지하다. 그다지 붐비지도 않지만 그렇다고 썰렁해 보이지 않는 곳에서 책을 고르고 책을 펼쳐보는 이들 역시 일상의 아름다운 풍경으로 다가온다.

반 고흐 미술관에 근처에 있는 암스테르담 시립미술관 안에 정말 근사한 예술서점이 있다.

반 고흐, 샤갈, 몬드리안 등 명작과 현대미술을 감상할 수 있어 더 없이 좋은 서점이다.

아트 디렉터이자 이카이^{IKKAI} 스튜디오 설립자인 헤르다 포츠마$^{Gerda\ Postma}$가 추천한 암스테르담 내의 예술 서점 중의 하나인 암스테르담 시립미술관 서점은 미술관 입장과는 별도로 언제든지 드나들 수 있는 자유로운 곳이다. 서점에 들어서면 미술관에 들어온 듯한 감상하는 기분이 드는 미술관 내의 기념품점 같다. 회전문을 통해 들어서자마자 평범하지 않은 천정, 기둥, 에스컬레이터, 계단 등 건축 구조가 눈에 들어온다. 프린트된 명화 작품, 엽서, 기념품, 인형, 장난감, 그림책, 디자인책, 사진집 하나하나를 관심 있게 바라보는 시간마저도 행복하게 다가온다. 보일락말락 펼쳐지는 지하 공간도 매력적이고 중간중간 마련된 커다란 책상에 앉아 책을 읽는 시간도 사랑스럽다.

바쁜 시간 쪼개서 책을 보는 사람들부터 어디 한 번 구경이나 해볼까 하는 단순한 사람들까지 함께 어울려 있는 그곳에 바깥 커다란 유리창을 통해 들어오는 햇살이 가득하면 그 자체가 하나의 그림이 되어 버린다. 밤에는 암스테르담 주변의 은은하고 아름다운 조명으로 인해 서점은 북카페처럼 바뀌는 것 같다.

이것저것 구경하고 미술관까지 들어가 작품을 감상한다. 워낙 반 고흐 미술관의 명성이 커서 시립미술관을 그냥 지나치기 쉽지만 미술관이 소장하고 있는 작품과 전시회를 살펴본다면 이 시립미술관이 현대미술의 중요한 보루임을 알게 된다. 아이들도 흥미롭게 작품을 감상하며 미술관에서 놀던 좋은 추억이 있는 곳이다.

미술서적 전문서점
부칸들 로버트 쁘렘셀라 서점 Boekhandel Robert Premsela

암스테르담 시립미술관 서점에서 몇 발자국 떨어지지 않은 곳에 미술 전문 서점이 있다. 마치 오두막의 이층집을 오르내리는 것과 같은 아늑함을 선사해주는 서점이다. 서점인지 갤러리인지 약간의 혼동이 오기는 하지만 주변이 박물관 광장이고 미술관이 모여 있는 곳이라는 지리적 특성을 이해한다면 쉽게 수긍하게 된다.

시립미술관에서 나와 카페를 지나 횡단보도를 건너면 거기에는 부칸들 로버트 쁘렘셀라 Robert Premsela 서점이 있다. 역시 헤르다 포츠마 Gerda Postma가 추천한 미술서적 전문서점인데 1990년대의 모습으로 옛 모습을 간직한 서점이다. 암스테르담에서 처음으로 특화된 서점으로 존재하는 곳이다. 특히 시각예술과 그래픽 전문 서적을

부칸들 로버트 쁘렘셀라 서점은 시각예술과 그래픽 전문서적을 보유하고 있는 독보적인 서점이다.

부칸들 로버트 쁘렘셀라 서점은 시간이 무르익은 고미술 느낌의 예술서점이다.

보유하고 있는 독보적인 서점이다. 암스테르담 시립미술관 서점이 깔끔한 현대미술을 느낄 수 있는 곳이라면 부칸들 로버트 쁘렘셀라 서점은 시간이 무르익은 고미술 느낌의 예술서점이다. 굵직한 도록을 만져보는 것도 황송할 정도로 고급 양장의 책들이 서가에 꽂혀 있다. 미술의 문외한이 들어오면 주눅들 것 같은 미술전문 서적

암스테르담의
독립서점

디자인 회사 멘도가 세운 디자인 전문서점, 멘도

들이 가득한 곳이다. 하지만 서점 아저씨는 적당히 무심한 눈길을 주신다. 도움이 필요하면 이야기하라는 짧은 메시지를 던지고 문을 닫는 시간은 언제라고 넌지시 알려주신다. 그림을 보면서 느끼는 편안함이나 안락함을 시각예술 전문 서적을 파는 서점에서도 느낄 수 있으니 기분이 좋다. 아마도 나무 책장이 주는 자연 이미지와 닫혀있는 창문이지만 서점 안으로 찾아드는 햇볕의 따스함이 조화를 이룬 공간이라 그런가 보다.

검은색의 아우라가 넘치는 디자인 전문 서점
멘도 MENDO

암스테르담에서 여행자들과 거주자들에게 사랑받는 요르단 지구에 가면 특별한 서점이 있다. 나인스트리트[9 streets]라고 불리는 요르단 지구는 디자인 숍과 특색 있는 상점들로 가득하고 볼거리가 풍부한 곳이다. 그 거리를 지나치는 동안 절대 심심할 겨를이 없다.

유독 검정의 아름다움과 세련됨이 흘러넘치는 디자인이 남다른 서점이 있다. 쇼윈도를 바라보다 저절로 들어가게 된 곳이다. 모든 것을 흡수한 검정의 힘인가? 그저 끌려서 들어간 곳인데 역시나 끌림에 대한 무조건 반사적인 반응이 옳았음을 확신하게 된다.

검은색의 아우라가 넘치는 멋쟁이 서점 멘도는 멘도[Mendo]라는 디자인 회사가 세운 디자인 전문 서점이다. 로이 리츠스탑[Roy Rietstap], 유리 봄[Joeri Worm], 유스트 알브론다[Joost Albronda] 세 명의 디자이너가 함께 구상하고 그들의 철학과 개성이 담긴 공간이라는 것은 서점의 분위기부터 운영하는 방식을 보면 족히 이해가 가고도 남는다.

검은색의 세련됨은 곳곳에 설치된 네온 조명과 조화를 이루기도 하며 포인트가 되기도 한다. 얼핏 디자인 갤러리 분위기가 나는 것은 더치 디자인 어워드 Dutch Design Award에서 우승한 이력을 갖고 있기 때문일 것이다. 은은한 조명 아래 범상치 않은 하드커버의 책들을 만져보는 것만으로도 황홀해지니 잠시 이곳이 서점이 아니라 보물을 전시하는 박물관 같다는 생각이 든다.

조심스레 책을 들추어 보고 가격표를 보면 더 놀란다. 10만 원대 가격의 책들이 무수히 많기 때문이다. 패션, 사진, 건축, 인테리어, 여행, 음식, 그래픽 디자인, 아트북 등 이런 류의 책을 엄선하여 자신들만의 방식대로 진열해 놓는다. 블랙 콘크리트의 서점 안에 벽이 없는 대신 천여 권의 블랙 서적들이 뿜어내는 지적인 감상에 젖어들다 보면 어느덧 서점을 나와야 할 시간이 된다.

2009년 세계에서 가장 고급스러운 서점 Luxury Stores Top of the World 으로 선정된 영광을 얻게 되면서 네덜란드 최고의 디자인 전문 서점이라는 명성을 유지하고 있다. 책은 모름지기 직접 서점을 찾아가 신중하게 보고 구입해야 한다는 원칙을 가지고 운영한다. 그래서일까. 서점에서 나오자마자 자꾸 뒤돌아보게 만드는 곳이다. 한 번 보고 두 번 보고 자꾸만 훔쳐보고 싶은 외모를 지닌 사람처럼 그러한 서점이다.

책이 좋은 사람들을 위한 서점
부키 우키 Bookie Wookie

부키 우키 Bookie Wookie 서점은 우리 아이들이 호기심을 보이며 재미있어했던 서점이다. 어린이들도 들어가서 즐거울 수 있는 서점이다. 첫눈에 서점처럼 보이지 않고 간판도 없기에 찾기 어려운 부키 우키 서점은 멘도 Mendo 서점 맞은편에 있다. 개성 있는 일러스트가 그려진 티셔츠가 걸려 있고 세상 어디에도 없는 유일한 그림이 그려진 엽서, 적당히 구겨진 가방이 무심한 듯 책과 그림 사이사이에 놓여 있다. 서점 주인인양 어슬렁 돌아다니는 고양이가 우리를 반긴다.

멘도 서점 맞은편에 있는 일러스트 전문서점 부키 우키

부키 우키는 한눈에 들어오는 너비의 작은 책방이지만 나만 아는 듯한 숨겨진 서점 같은 곳이다.

아이들에게 관심을 끄는 것들이 많았다. 책과 오래된 음반도 함께 있어서 둘러보는 재미도 쏠쏠하고 아이들과 함께 가지고 싶은 책이나 물건들을 고를만한 것이 많이 있는 곳이다. 부키 우키는 한눈에 들어오는 너비의 작은 책방이지만 나만 아는 듯한 숨겨진 서점 같은 곳이다. 어쩌다 마주친 그대 같은 신선함과 발견한 사람만이 알 수 있는 보물이 구석구석 묻혀있는 그런 서점이다. 서점 이름도 재미있다. 부키 우키.

책을 만드는 사람들의 의미가 이해가 된다. 완성된 책도 많지만 제본한 책과 같은 느낌의 책들도 많이 있었다. 그림책조차도 평범해 보이지 않았고 작은 소품 하나하나 개성이 넘치는 서점이었다. 그곳은 시간의 흐름을 잊고 거기에 있는 책들 하나하나 꼼꼼히 보아도 질리지 않을 보물창고 같다.

디자인 예술 서적은 내게 맡겨라! 타센 TASCEN

보고싶은 책보다 가지고싶은 책을 파는 곳. 그런 매력을 가지고 있는 산뜻한 감성의 타센 Tascen 서점이 암스테르담에도 있다. 암스테르담 국립박물관 Rijksmuseum에서 걸어 내려와 한 두 골목을 지나 여러 상가들이 모여 있는 곳에 있다.

파리, 뉴욕, 밀라노, 런던, 베를린, 브뤼셀, 할리우드, 함부르크, 쾰른, 베벌리 힐스, 마이애미 등 몇몇 도시에 있는 타센 서점은 1980년대에 독일에서 베네딕 타센 Benedikt Taschen이 설립한 출판사로 시작된 서점이다. 어떤 도시에 있든지 타센 스토어는 각각의 매력

타센은 1980년대 독일에서 베네딕 타센이 설립한 출판사가 운영하는 서점이다.

도시적이고 단순하면서도 화려한 인테리어가 돋보이는 타셴

암스테르담의
독립서점

을 충분히 가지고 있지만 특히 파리에 있는 타셴 스토어는 세계 3대 디자이너 중 한 명인 프랑스 디자이너 필립스탁이 디자인하여 유명한 곳이다. 타셴 서점 각 매장마다 건축, 미술, 클래식, 디자인, 패션, 영화 등 다양한 분야의 책을 보유하고 있다.

 타셴 서점에 들어서자 도시적이고 단순하면서도 화려한 인테리어에 감탄을 하게 되었다. 최고의 아티스트 출판물을 다루는 곳이라 그런지 마치 백화점 명품관에 들어선 기분이었다. 군더더기 없이 세련된 책장에 놓인 책들은 하나의 작품처럼 보이고 커다란 화분과 꽃과 여러 가지 데코들을 보니 나도 모르게 오감만족 상태가 되었다. 역시나 커다란 창문 밖의 풍경도 서점 내부의 인테리어와 조화를 이루고 있어 아늑함도 느낄 수 있으니 더없이 기분 좋은 공간이다. 단 손님이 별로 없을 때면 머쓱해진 기분으로 서점 안을 서성대야 하는 것을 제외하고.

건축가 렘 콜하스가 사랑한 서점
아키텍추라 앤 나추라 Architectura & Natura

 헤이그 트램 정류장에 갈 때마다 참 근사하다는 생각을 했다. 아니나 다를까 스파우(spui)역과 역에서 나오면 보이는 시청사 옆의 댄스 시어터는 네덜란드에서 태어난 세계적인 건축가 렘 콜하스(Rem Koolhaas)의 작품이었다. 매일 마주하는 일상 풍경에 예술성이 뛰어난 작품과 마주하는 일은 축복이다.

 렘 콜하스의 작품 중 널리 알려진 것으로는 네덜란드 로테르담

아키텍추라 앤 나추라는 세계적인 네덜란드의 건축가인 렘 콜하스가 사랑한 서점이다.

암스테르담의
독립서점

에 있는 쿤스트 할 미술관, 미국 로스앤젤레스의 프라다 매장, 포르투갈 포르투의 카사 다 뮤지카, 미국 시애틀 도서관, 서울대 미술관, 삼성 리움 미술관 등이 있다. 그러한 그가 영감을 얻기 위해 자주 들렸다는 서점이 있다. 바로 아키텍추라 앤 나추라 서점이다.

암스테르담에 아키텍추라 앤 나추라Architectura & Natura 서점이 등장한 지 80년이 다 되어가는 유서 깊은 서점은 이미 유럽 내의 명소이다. 건축과 자연, 정원에 관한 책을 얻고자 하는 이들이 찾는 그들만의 아지트 같은 곳이다.

서점 앞에 운하가 흐르고 있으며 고풍스러운 암스테르담의 색을 고스란히 느낄 수 있는 골목에 위치해 있다. 자그마한 서점이지만 2층으로 되어 있는 이 서점을 오르락내리락하다 보니 어느덧 저녁이다. 오랜 세월 함께 자라 온 가로수 나뭇가지 틈새 사이로 노을이 찾아온다. 빛바랜 건물이 노을빛을 반사하니 그 아름다움을 형언하지 못하겠다. 이렇게 하루를 아름답게 갈무리한다.

아키텍추라 앤 나추라 서점 앞에 운하가 흐른다.

암스테르담의
독립서점

3장
암스테르담의 역사적인
자부심이 서린 서점

전문서적이 즐비한 아테네이움 부칸들 Athenaeum Boekhandel 서점
독특한 건축형식을 가진 ABC 서점
요리, 북아트 등 다양한 체험을 할 수 있는 스헬트마 Scheltema 서점
아이와 부모가 교감할 수 있는 드 킨더북빈클 De Kinderboekwinkel 서점

묵은해를 보내며 각 나라 사람들이 의미를 담아 행하고자 하는 새해맞이 풍습이 있다. 오랜 세월 동안 종각에서 울려 퍼지는 제야의 종소리를 들어가며 또는 동해안 일출을 TV 화면으로 보던 기억이 점차 사라지는 만큼 새해를 축포 소리를 들으며 현란한 불꽃놀이를 신기한 듯 바라보는 추억이 쌓여간다. 송구영신이라는 네 글자를 마음에 새기며 한 해의 시작을 기도하며 맞이하던 수많은 세월을 보내면서 올해 역시 새로운 한 해를 어떻게 맞이할 것인가는 더 이상 신기하지 않지만 새로운 화두였다.

해마다 12월 초·중순부터 1월 중순 정도까지 암스테르담에는 빛 축제 light festival가 거하게 펼쳐진다. 무심하게 흘러가는 세월을 무모하게 보낼 수 없었나 보다. 가뜩이나 운하때문에 밤이 되면 어스름한 조명부터 화려한 조명 덕에 암스테르담은 시내 전체가 분위기 좋은 카페로 변신한다. 잘 짜인 운하망을 따라 거닐다 보면 이렇듯 도시의 밤거리가 아름다웠나 싶을 정도로 운하가 주는 매력때문에 암스테르담을 가슴 한편에 묻어두게 된다.

도심 속에 유유히 흐르는 강물에 반사되는 불빛과 정중동의 이미지를 가지고 있는 고요한 운하는 암스테르담이라는 걸출한 도시의 아름다움과 고풍스러움을 완성시켜주는 최상의 조합이다. 암스테르담 강을 끼고 수많은 조명들을 받아가며 곳곳에 숨소리 내듯 존재감을 과시하는 크고 작은 운하를 걷다 보면 그렇게 절로 마음이 녹아내린다. 까닭모를 감사함과 알 수 없는 슬픔이 묘하게 어우러져 아름답게 서글픈 여행자의 감상을 만들어낸다. 이내 고개를 들어보면 한 해를 그렇게 보내는 수많은 이들을 위로하듯 날쌘 색감의 빛들이 서로 엉겨 붙어 또 다른 색의 조합을 만들어 축제를 숙성시켜 간다.

   무채색으로 살고 싶은 남남한 수묵화 같은 인생도,
   두텁게 덧바르는 강한 질감의 색채를 담은 유화 같은 인생도,
   하얗고 검은 대조적인 색과 빛만으로도 무한한 존재감을 발산하는 흑백 사진도,

밤이 되면 어스름한 조명부터 화려한 조명 덕에 암스테르담은 시내 전체가 분위기 좋은 카페로 변신한다.

한 해를 보내고 익숙하지만 늘 새로운 새해를 맞이하는 시점에서는 모두 다 어설픈 인생살이인가 보다.

추락하지 않기 위해 더 화려하게 날갯짓을 하며 비상을 꿈꾸는 새처럼 빛 축제는 그렇게 그렇게 새해를 가슴 벅차게 맞이하려는 사람들의 마음을 어루만져 주고 있었나 보다.

특히나 겨울이면 긴 어둠의 시간을 보내는 이 유럽 땅에서 말이다. 햇볕이 그립고 따뜻함을 본능적으로 찾는 그 몸부림 가까운 절규를 불꽃놀이와 빛 축제라는 오락으로 흥겹게 새해를 맞이하는 그들 역시 우리네와 같은 보듬어 주고 싶은 인생이다.

암스테르담의 역사적인
자부심이 서린 서점

그런 밤거리가 흥겨워 또 가고 싶어 한다. 해마다 이맘때면.

종로 헌책방 골목에 대한 향수가 있다. 학창 시절에 가끔 지나치던 그곳에는 수많은 책들이 노끈에 묶인 채로 책방 앞부터 책방 안 구석구석까지 쌓여 있는 풍경이 많았다. 그러다 종로서적을 가보니 시골에서 서울로 놀러 간 느낌이었다. 계단 혹은 엘리베이터를 타고 오르내리기도 하고 셀 수 없이 많은 책들을 보며 그 기세에 눌려 책을 제대로 보지도 못하고 책 구경만 한 적이 있다. 고속터미널 근처의 수많은 서점에 가보고 강남역 지하상가와 대형서점에 드나들면서 자연스레 헌책방에 대한 기억은 잊혔고 책방골목에 대한 기억은 쾌쾌한 냄새처럼 먼지 나는 기억으로 사라져 갔다.

사라져 가는 것에 대한 미련을 느끼기도 전에 온라인 서점에 재빨리 대응해가면서 편리함과 경제성이라는 두 가지 이유로 서점은 한낱 아날로그 감성을 자아내는 장소로 바뀌어갔다.

서랍 속에 넣어두었던 책방에 대한 옛 기억을 되찾게 해 준 곳은 추억 속의 어느 공간이 아닌 오래된 것들을 소중하게 간직하고 있는 암스테르담 책방거리이다.

스파우spui 역 중심의 거리거리는 책 향기로 덮인 동네이다. 중세풍의 색상이 물들어 있는 곳이기도 하고 한창 예술적인 움직임이 활발하던 1960년대의 사건들을 품고 있는 역사적인 장소이다.

종종 이 거리에서 책 장터가 열린다. 책 장터에서 한가로이 구경하면서 책을 살펴보고 살만한 책이 있나 두리번거리는 시간도 소중하다. 사실 책 장터와 헌책방은 네덜란드 도시 곳곳에 있기 때문에 그리 신선하게 다가오지 않지만 이 거리는 좀 더 마음에 와 닿는다.

책방 골목의 터줏대감
아테네이움 부칸들Athenaeum Boekhandel 서점

"나 이래봬도 책 좀 읽는 소년이라우."라고 외치듯 스파우 광장 앞에 놓인 작은 소년 동상과 늘 자리하고 있는 노천카페 그리고 옹

스파우 광장 앞에 놓인 작은 소년 동상과 늘 자리하고 있는 노천카페 그리고 옹기종기 서점들이 3개가 몰려 있다.

암스테르담의 역사적인
자부심이 서린 서점

기종기 서점들이 몰려 있다. ABC^{American Book Center} 서점, 아테네이움 부칸들^{Athenaeum boekhandel}, 스헬트마 서점, 드 킨더북빈클 서점. 골목 따라 더 깊숙이 들어가면 자그마한 서점들이 또 있을 것이다.

독립출판잡지를 파는 아테네이움 부칸들 서점

암스테르담 중앙역에서 트램을 타고 스파우 역에 내리면 그곳에 서부터 책방골목이 시작됨을 알 수 있다. 길모퉁이의 모서리로 떡하니 자리 잡고 있는 아테네이움^{Athenaeum} 서점은 영문서적과 독립 출판잡지를 대량 보유하고 있는 서점으로 명성이 높다. 언어, 철학, 역사 관련 서적을 들추다가 잡지책이 놓여 있는 서가에 서면 색다

아테네이움 서점은 영문서적과 독립 출판잡지를 대량 보유하고 있는 서점으로 명성이 높다.

아테네이움 서점 내부

암스테르담의 역사적인
자부심이 서린 서점

른 전시 감각에 상큼한 도전을 받는다. 서점을 소개하는 문장 중에 예술, 패션, 디자인 잡지들을 전시하는 공간들은 매력적이다. 우리가 유행어로 말하는 뇌섹남·뇌섹녀의 개념이 이곳에서도 통하나 보다. 대륙을 넘나드는 공감대가 펼쳐진 것인가라는 과잉 추측을 해보며 슬쩍 미소를 지어본다.

　서점의 이름이 암시하듯 아테나 신전과 같은 공간적 의미를 지닌 곳이 되기를 지향하나 실제로는 알라딘의 동굴 같은 느낌을 느낄 수도 있다고 서점 측에서 자랑한다. 금세 동의하게 될 것이다. 서점 안에 들어서면 신나게 미로게임을 하게 된다. 한 층 한 층 높이

아테네이움 서점 안에 들어서면 신나게 미로게임을 하게 된다.
한 층 한 층 높이와 너비가 다른 여러 개의 다락방을 돌아다녀야 한다.

서점에서 미로 찾기 놀이를 한 후 밖에 나와 보니 현수막에 50주년 기념이라고 적혀있는 것을 그제서야 발견했다.

와 너비가 다른 여러 개의 다락방을 돌아다녀야 한다. 이 다락방에서 보면 저 다락방이 보이고 저 다락방에서는 이 다락방이 보이지 않는 재미있는 구조이기에 다락방의 출구와 연결 통로를 탐색해 가는 시간조차 즐거웠다. 심심치 않게 골목마다 책을 전시하고 꾸며 놓은 것이 공방 탐험하는 기분도 들었다.

서점에서 미로 찾기 놀이를 한 후 밖에 나와 보니 현수막에 50주년 기념이라고 적혀있는 것을 그제서야 발견했다. 딸과 함께 동굴 속에서 알라딘의 램프를 만지작거리는 재미있는 시간을 가지게

암스테르담의 역사적인
자부심이 서린 서점

되어 흐뭇했다. 딸은 딸대로 자기 관심 분야의 책을 찾고 나는 나대로 책 구경을 했으니 오감만족 체험이었다.

아테네이움 서점은 아테네 신전이라 칭할 만큼 철학, 고전 언어, 역사, 문학, 예술, 법률 관련 서적이 많았다. 동시에 신문, 잡지, 디자인과 패션과 라이프스타일에 관련된 가이드북과 간행물들이 전문적으로 전시되어 있었다.

겉모습은 수수하나 속은 꽉 찬 아름다움을 보여주는 ABC 서점

하얀 건물에 서점 이름이 새겨진 파란색 간판이 눈에 띄일 뿐 언뜻 봐서는 들어갈까 말까를 살짝 고민하게 만드는 촌스럽고 수수한 외관이다. 그러나 안에 들어서면 그냥 지나치면 어쩔 뻔했나 싶은 아름다운 서점이다.

시미즈 레이나가 《세상에서 아름다운 서점》에서 ABC 서점을 세상에서 아름다운 서점이라 명명했는지 이해가 된다. 누구라도 ABC 서점에 들어서면 아름다움에 공감 표시를 하게 될 것 같다. 함께 동행한 둘째 딸

하얀 건물에 서점 이름이 새겨진 파란색 간판이 눈에 띄일 뿐 언뜻 봐서는 들어갈까 말까 살짝 고민하게 만드는 수수한 외관이다.

ABC 서점은 그냥 지나치면 뻔했나 싶은 아름다운 곳이다.

암스테르담의 역사적인
자부심이 서린 서점

총 3층으로 이루어진 ABC서점은 달팽이 같은 계단을 오르면서 펼쳐지는 책장의 실루엣도 근사하다.

1층에서부터 3층까지 이어진 거대한 나무가 인상적이다.
마음이 자라고 지식이 자라는 것을 잘 형상화해 준 작품 같다.

도 서점의 독특한 구조에 흥미로워하고 수많은 책과 수많은 책을 둘러싼 사람들에 관심을 보였으니 말이다.

3층으로 이루어진 ABC 서점의 가장 큰 볼거리는 무엇보다 1층에 있다. 한 층 한 층 달팽이 같은 계단을 오르면서 펼쳐지는 책장의 실루엣도 근사하지만 1층에서 시작되는 거대한 나무가 꽤나 인상적이다. 아이들은 보자마자 잭과 콩나무를 떠올릴 수도 있겠다. 서점 가운데에 심은 나무를 타고 오르면서 책 동산을 바라볼 수 있으니 가히 모험적인 설계라고 여겨진다. 서점 나들이를 함께 한 둘째 딸 역시 서점 가운데 있는 나무가 참 재미있었다는 이야기를 한다. 책의 원료인 종이, 종이의 원료인 나무를 굳이 연상하지 않아도 마음이 자라고 지식이 자라는 것을 잘 형상화해 준 작품 같다. 재미있는 달팽이 구조의 계단을 오르다 보면 나선형으로 축적되는

지식을 쌓는 행위의 마지막 도착점과 목적지가 어디여야 하는지 질문하게 된다.

지식 체계를 떠올리며 지식을 쌓는 행위의 마지막 도착점과 목적지가 어디여야 하는지 질문하게 된다.

다문화 도시인 암스테르담에서 최다 영문서적을 접할 수 있는 ABC 서점에서도 흥미로운 이벤트를 즐길 수 있다. 저자 강연회, 콘퍼런스, 워크숍, 때로는 예술인들의 퍼포먼스까지.

암스테르담은 가히 문화의 메카라고 부를 수 있겠다.

책이 이어주는 문화감성 아지트 스헬트마^{Scheltema} 서점

대형서점은 고객들의 만족도를 높이기 위하여 여러 가지 시도를 한다. 단순하게 책을 파는 곳이 아니라 책을 연결고리로 한 여러 가지 문화를 판다. 그래서 대형서점에 가면 문화의 소비자가 되면서 문화를 만들어가는 창조자가 될 수 있는 가변적인 공간이라고 느낄 수 있다.

자기 색깔을 드러내는 서점일수록 그 서점에서 이루어지는 다양한 이벤트는 하나의 랜드마크가 될 수 있다. 서점의 이벤트를 살펴보다가 관심이 생겨 방문하게 된 스헬트마 서점은 무려 1853년에 세워졌다 한다. 아마도 암스테르담에서 가장 오래된 서점이지 않을까 싶다.

스헬트마 서점은 1853년에 세워졌다.

암스테르담의 역사적인
자부심이 서린 서점

스헬트마Scheltema 서점은 네덜란드에서 가장 큰 서점 중의 하나로 존 헨리 스헬트마J.H. Scheltema가 1853년에 세운 서점이다. 1970년까지 이 서점은 네덜란드의 가장 큰 독립서점이라는 명예를 가지고 있었지만 중간에 서점 주인이 바뀌기도 하고 다른 회사와 합병하고 서점 이름도 바뀌는 등 혼란의 시기를 겪었다. 그 후 2014년에 노바 미디어Nova Media에서 인수한 후 독립서점의 위상을 다시금 공고히 다져놓는다. 2015년에는 담 광장에서 가까운 지금의 로킨Rokin에 자리 잡은 후 스헬트마 서점은 명실 공히 암스테르담에서 역사가 깊은 서점으로 재탄생했다.

5층 건물의 3200㎡ 공간 안에서 할 수 있고 누릴 수 있는 여가 활동이 참 다채롭고 다양하다. 작가를 초대하여 책을 소개하는 설명회와 인터뷰 시간은 기본이고 함께 차를 마시는 시간도 있다. 어린이를 위한 그림책 전시 및 설명회 중에는 만화책을 소개하면서 함께 만화를 그리는 북아트 활동도 한다. 또한 매달 한 번꼴로 요리책에 나온 레시피대로 요리하고 시연하는 행사도 있다.

책을 가지고 할 수 있는 모든 프로그램이 기획되고 실행된다. 언제나 사람들이 많다. 책을 사고자 하는 사람만 오는 것이 아니라 참새방앗간처럼 오다가다 책도 보고 쉬기도 하며, 다양한 이벤트를 즐기러 오는 사람들이 더 많아 보인다. 점원이 눈치를 주는 경우를 잘 보지 못했다. 책을 함부로 대하는 무례한 행동만 하지 않는다면 그곳에서 도서관처럼 책을 보거나 책 구경만 하더라도 '그건 당신이 알아서 할 일'이라는 태도를 견지한다. 남의 일에 간섭하거나

스헬트마 서점은 2015년에는 담 광장에서 가까운 지금의 로킨에 자리 잡은 후 암스테르담에서 역사가 깊은 서점으로 재탄생했다.

암스테르담의 역사적인
자부심이 서린 서점

책을 사고자 하는 사람만 오는 것이 아니라 참새방앗간처럼 오다가다 책도 보고,
쉬기도 하며, 이벤트를 즐기러 오는 사람들도 많다.

가벼운 장난감부터 헝겊책, 팝업북, 다양한 쿠션과 간단한 놀이기구까지
화려하고 단순한 색감에 취하고 그 장난감에 반한다.

불필요한 관심을 보이지 않는 네덜란드인의 체화된 태도가 묻어난다. 부담 없이 즐기다가 필요하면 책을 사고 여기서 시간을 보내다가 생각나면 다시 와서 즐기는 공간으로 보내기에 더없이 좋은 곳이다.

물론 서점 주인은 와서 즐기기만 하고 가는 것을 그리 좋아하지 않겠지만 이렇게 부담 없이 보낼 수 있는 곳에 마음을 두고 다시 또 오고 싶을 것 같다. 적어도 내 경우에는 이런 아늑한 느낌이 있는 곳이 더 좋고 편해서 책을 더 사고 싶을 것 같다. 적어도 책은 충동구매보다는 심사숙고해서 사는 경우가 더 많으니까.

우리 아이들은 서점에서 요리하는 이벤트가 있다는 것에 솔깃하여 쫄래쫄래 따라왔으나 제시간에 도착하지 못해서 그 이벤트에 참여하지 못했다. 애석하게도 시식을 하는 시간은 없지만 아이들에게는 대단한 흥밋거리다. 아이들의 아쉬움은 어린이 책 코너에서 충분히 해소되었다. 키즈 카페가 절대 생각나지 않을 책 공간이다.

암스테르담의 역사적인
자부심이 서린 서점

가벼운 장난감부터 헝겊 책, 팝업 북, 다양한 쿠션과 간단한 놀이기구까지 화려하고 단순한 색감에 취하고 그 장난감에 반한다. 나는 나대로 아이들은 아이대로 충분히 만족하며 쉴 수 있는 공간이다. 서점 안의 카페 역시 사람들이 찾는 공간이다.

암스테르담의 중심인 담 광장에 드나드는 일정이라면 이곳에 꼭 들려서 층층마다의 개성이 묻어나는 책 공간에서 잠시 여유로운 시간을 누리고 싶은 지식과 문화의 공간이다.

아이들이 부담 없이 드나드는 작은 어린이 책방

드 킨더북빈클 De Kinderboekwinkel

안네 프랑크의 집에 두 번째 가는 날이었다. 킨더북빈클 서점은 트램을 타고 베스터께르끄 Westerkerk 역에서 내려 지도를 보면서 안네 프랑크의 집을 찾아가다가 잘못 들어선 길에서 우연히 만난 어린이 서점이다.

킨더북빈클이 40년을 맞이한 어린이 책방임을 소개하는 앙증맞은 만화 캐릭터.

40년을 맞이한 어린이 책방임을 소개하는 앙증맞은 만화 캐릭터가 그려진 현수막을 보고 냉큼 들어가 보고 싶었다. 하지만 토요일 늦은 오후라 문이 닫혀 있어서 아쉬웠다. 그런데 두고두고 그 서점이 생각났다. 40년 동안 서점을 운영하는 것이 쉽지 않았을 텐데 그것도 의외로 많은 암스테르담의 서점들 사이에서 말이다. 대형서점, 독립서점, 예술 건축 전문서점 등 개성이 강한 서점이 많은 역사적·예술적 도시에서 살아남은 이유가 무엇이었는지 궁금해졌다. 특별한 무엇이 있었는지, 특별함이 감추어진 평범함과 익숙함이 어우러진 특별한 묘법이 있었는지. 어느 토요일 오후에 다시 킨더북빈클 서점을 찾았다. 아이들과 함께 어린이 책만 파는 서점에 가자고 하였더니 막내가 제일 좋아했다.

서점 출입문 앞에 있는 미니 자동차가 꼬마 아가씨의 마음을 달래주기 시작했다. 언니들은 이미 서점 안에 들어가서 관심 있는 책들을 찾아보는데 막내만큼은 바깥에서 말 타기 놀이하느라 들어올

40년 동안 서점을 운영하는 것이 쉽지 않았을 텐데 그것도 의외로 많은 암스테르담 서점들 사이에서 말이다.

암스테르담의 역사적인
자부심이 서린 서점

어린이 전문서점 킨더북빈클 서점 내부

생각을 않는다.

　네덜란드의 수많은 박물관과 가게들을 드나들면서 느끼는 인상 중의 하나는 건물의 외양이나 규모가 건물주의 자부심을 대변하지 않는다는 것이다. 외관이 멋지다 해서 건물주가 더 자긍심을 드러내는 것도 아니고 외관이 볼품없다고 해서 주눅 들지 않는다. 그들에게는 나름 자부심을 무기로 삼는 대범한 삶의 태도가 배어 있다.

　면밀히 살펴보면 그 자부심의 근원은 역사다.
　오랜 세월 자리 지킴을 해왔다는 자부심이 용해된 당당함이다.

　비록 우리 눈에는 보잘 것 없어 보이지만 그들 나름대로의 역사를 고집하고 있다. 그 시간이 유구하든 상대적으로 짧든지 간에. 단

어린이 전문서점 킨더북빈클 서점 내부

몇 분이라도 그들에게 의미 있는 시간이라면 그것은 고스란히 역사가 되어버린다. 그래서 그들은 자그마한 것에도 기록을 하고 자그마한 것도 소중히 보관하여 - 비록 우리 눈에는 애물단지처럼 보일지라도 - 개인 박물관을 만들어 전시하고 있다. 아마도 네덜란드 전역에 박물관이 많은 이유 중 하나일 것이다.

"자긍심 acquiescentia in se ipso이란
　인간이 자기 자신과 자기의 활동 능력을 고찰하는 데서 생기는 기쁨이다."
　- 바뤼흐 스피노자,《에티카》중에서 -

《감정수업》이란 책에서 철학자 강신주는 자긍심에 대해 이렇게

서점에 들나들던 꼬마가 커서 결혼하고 아이를 낳아 그 아이 손을 붙들고
다시 그 서점을 찾는 것을 영화로 만든다면 그것은 필시 다큐멘터리 영화일 것이다.

설명한다. 그리고 그 자긍심은 누군가 나를 사랑한다는 단순한 사실 하나만으로 자긍심을 회복할 수 있다고.

킨더북빈클은 자그마한 공간이지만 그 안에 아이들의 관심사를 펼칠 공간이 있었고 여유가 있었다. 아이들을 데리고 오는 부모들의 애정 어린 발걸음을 잘 맞이해 주는 책방 주인이 있다. 세월이 쌓였다. 그 세월은 서점 주인과 책을 사려는 수많은 부모와 아이들의 사랑이 함께 한 시간만큼 전시되고 있다. 특별한 책이 있어서도 아니고 한눈에 반할 멋진 인테리어로 꾸며진 서점이 아니라 그저 어느 동네에서도 만날 수 있는 평범한 서점이다. 그 평범함에는 무난해 보이는 비범한 사랑이 깃들어 있었다.

어느 때든 마음만 먹으면 한달음에 달려갈 수 있는 어린이 책 서점이 주는 편안함과 익숙함. 고작 몇 평 되지 않는 그 작은 서점에서 일하는 점원과 서점 주인에게서 애독자들의 사랑을 받아 서점을 운영하는 자긍심을 엿보았다면 너무 섣부른 판단일까? 어린이 서점에 드나들던 꼬마가 커서 결혼하고 아이를 낳아 그 아이 손을 붙들고 다시 그 서점을 찾는 것을 영화로 만든다면 그것은 필시 다큐멘터리 영화일 것이다.

글을 쓰고 있는 지금 암스테르담에서는 빛 축제가 한창이다. 번쩍번쩍한 불빛 속에 투영되는 내 모습도 그렇게 반짝거렸으면 좋겠다는 마음부터 빛이 두드러지도록 만드는 어둠도 내 빛깔의 일부라는 생각까지 고루 드는 밤거리를 걷는다.

암스테르담을 가로지르는 수많은 운하.

그 운하를 곁에 두고 즐비해 있는 책방들은 수도 없이 많다. 암스테르담에는 정말 책방이 많다. 하나하나 이야기가 숨어 있고 자부심이 서려 있으며 저마다의 색을 지니고 있다. 어느 서점 하나도 똑같은 인테리어를 하지 않는다. 사람들이 좋아하고 유행하는 취향이라고 같은 패턴으로 꾸미지도 않는다. 개성을 살리되 주변과의 조화를 깨뜨리지 않는다. 물론 그 안에 갈등과 고민은 있을 것이다. 책값이 생각보다 비싸다. 책값이 비싼 건 책 장터와 중고서점도 마찬가지이다. 뒤집어 생각하면 책은 제값을 받는다. 중고라고 결코 헐값에 거래되지 않는다. 책이 가지고 있는 고유의 가치를 보상해 주는 만큼 가격이 책정된다. 사람들은 도서관을 충분히 이용하기에 정작 책을 사는 사람은 생각보다 많지 않을 수 있다. 여행객들이 찾는 책들은 한정되어 있다. 그런데도 저 수많은 책방들이 든든히 버틸 수 있는 암스테르담의 문화가 부럽다.

책의 인생도 이러할진대…
사람의 인생도 제값을 받는 좋은 세상이었으면 좋겠다.
책방 골목 사이사이에서
때로는 책방 골목을 비껴 나서
어느 멋진 운하 앞에서 화려한 빛 축제를 바라보며
책도 우리네 인생도 값어치 있는 시절을 품어본다.

빛 축제를 하지 않는 평상시의 암스테르담의 밤거리도 아름답다.

암스테르담의 멋진 운하와 화려한 빛 축제 (출처: www.holidaypirates.com)

그렇지만 그 아름다움보다 피곤하고 추운 것을 피부로 먼저 느끼는 아이들. 멋있지만 어서 집에 가서 쉬고 싶다고 말하는 아이들이다. 배고프니까 빨리 집에 가서 밥 먹겠다고 귀여운 투정을 한다.

그게 솔직한 모습이다. 솔직함과 단순함을 가지고 소박하지만 위대한 꿈을 꾸련다. 그게 용기인 것 같다.

암스테르담의 역사적인
자부심이 서린 서점

4장
헤이그의 알록달록한 서점들

네덜란드의 행정수도 헤이그의 결을
자기 방식대로 담아낸 서점

영화를 감상하거나 책을 읽다가 반전의 결말이 나올 때면 으레 놀라기도 하지만 반전 자체가 주는 매력때문에 영화나 책에 대한 기억이 오래 지속되는 일들이 더러 있다.

네덜란드에는 그런 반전의 매력을 가진 장소들이 참 많다. 겉모습은 초라한데 건물 안으로 들어가 보면 표현하지 못할 화려함에 놀란 나머지 감동과 반전을 동시에 맛보게 된다. 그곳이 성당이기도 하고 교회이기도 하다. 때로는 박물관이기도 하고, 디자인 숍이기도 하다. 하다못해 이웃들이 살고 있는 일반 가정집까지 그런 매력들을 다분히 갖고 있다.

자신의 의도와 상관없이 자동적으로 작동되는 다음 장면에 대한 기계적인 상상력에 대한 반동인지도 모르겠다. 본연의 모습을 마주하기 전까지 함부로 멋대로 추측하지 말라는 덤덤한 안내문이다. 이내 사람 마음이 얼마나 간사하고 쉽게 속단하는지에 대한 반성조차 부끄럽게 만드는 공간들이 여기저기 널려 있다.

인생을 이렇게 살라고 한다. 마음 가는 대로, 세월 가는 대로, 발걸음 닿는 대로 그렇게 순항하듯 살아가는 삶에 다소 무게감 있는 반전이 어쩌면 기억을 새롭게 만들고 본질에 대한 반추를 더 강화시키는 것일 게다.

네덜란드의 행정수도인 헤이그Den Haag 여행은 그렇게 늘 내게 다가왔다. 전 세계의 행정 및 사법 관련 국제기관이 밀접해 있는 국제도시의 반듯함과 정제된 아름다움을 보여주는 도시, 운하를 배경으로 오래된 역사의 고풍미를 내보여주는 도시. 네덜란드인이 사랑하는 스케브닝헌Scheveningen 해변과 헤이그 시민들이 좋아하는 숲Haagse bos을 동시에 품고 있는 도시. 사연이 많다는 것은 잃어버린 것과 이겨내고 지켜온 것이 동시에 많다는 의미다. 그 사연들을 고스란히 이야기해주는 곳이 헤이그이다.

도시 여행자의 감성을 충족시켜 줄 서점 판스토쿰Van Stockum

헤이그 중앙역Den Haag Central역에서 한참을 걷다 시내 중심부에 이르기까지 거치는 수많은 상점들, 오래된 건물들 그리고 그 안에 주인공처럼 앉아 담소를 나누는 사람들을 뒤로 하고 보고 싶은 서점을 향하여 바쁘게 걸었다.

시내 한복판에 있는 스파우Spui역 주변은 언제나 들썩이는 생동

감과 함께 마우리츠하우스 앞의 커다란 호수에서 풍기는 정중동의 이미지가 함께 어우러져 있는 곳이다. 극장, 패스트푸드 체인점, 옷가게, 스낵 가게, 고급 의류점, 고급 음식점, 노천카페 등 좀 더 나아가면 박물관, 시청, 도서관 등 여러 건물들이 어울리는 듯 어울리지 않게 조화를 이루며 옹기종기 모여 있다.

판스토쿰 서점은 상업적으로 잘 꾸며진 건물 안에 있다. 저마다의 개성 넘치는 디자인을 자랑하는 수많은 상가들이 모여 있는 곳이다. 유럽의 대부분 상점들이 그러하듯 가로변까지 늘어선 탁자와 의자들이 즐비한 카페와 레스토랑 주변에 가득하다. 서점 한쪽에 카페가 있기에 처음엔 오히려 카페가 눈에 들어온다. 카페에서 풍겨오는 진한 커피향 때문에 서점을 커피 향 가득한 응접실로 기억하게 된다.

이 서점은 이렇게 책을 전시하는구나. 이곳은 베스트셀러를 이렇게 소개하는구나. 꼬마 독서가들을 위한 공간을 이렇게 꾸며놓

판스토쿰 서점은 도시여행자들에게 책뿐만 아니라 여가 문화를 제공한다.

앉구나. 시민들의 응접실로 만들기 위한 배려를 이렇게 했구나. 이 서점 주인은 고객들과 이런 대화를 하고 싶나 보다. 여기를 스쳐가는 수많은 사람들은 어떤 추억을 가지고 문을 나설까…

이런저런 질문을 마음속으로 하다 보면 서점에서 보낸 시간이 훌쩍 지나가버린다. 들어온 지 얼마 되지 않았는데 한두 시간은 연기처럼 날아가는 것 같다. 우리 아이들은 아이들대로 바쁘다. 어린이책 코너에 있는 책을 보기도 하고, 함께 놓여 있는 장난감을 가지고 놀기도 한다. 나와 아이들에게 이 공간은 완벽한 휴식처이다. 도보여행에서 지친 다리를 쉬게 해주면서도 책을 통한 즐거움을 맛보게 해주는 곳이니까. 더운 날에 오면 뜨거운 햇살을 피하게 해주고 추운 날에 오면 얼어있는 몸을 이완시켜주는 최적의 장소이기 때문이다.

실제로 판스토쿰 서점에 대한 명성은 이러하다. 일상에서 영감을 충족시켜줄 완벽한 장소이다. 숫자로 세상을 이해하기 좋아하는 이들을 위하여 영어, 네덜란드어, 독일어 서적 베스트셀러 10권의 책을 디자인하듯 전시하고 있다. 체스를 좋아하는 사람을 위한 체스 관련 책을 다량으로 보유하고 있다. 식도락가들이 주변 카페와 레스토랑을 찾을 때 한 번쯤 들어오고 싶은 현대적인 서점 인테리어와 '바쁜 도시 생활 가운데 여기서 잠시 쉬고 가도 좋습니다'라고 외칠 만큼 유혹한다. 부담 없는 브런치와 커피, 차와 쿠키를 즐기면서 동시에 읽을거리를 제공하는 서점이다.

도시생활이 진면목을 볼 수 있는 시내 중심부에 위치한 서점. 건물 앞에는 붉은색 트램이 지나가고 버스가 지나가고 행인들의 부지

'잠시 쉬고 가셔도 좋습니다'라고 유혹하는 듯하다.

판스토쿰 서점 내부

런한 몸놀림이 펼쳐지는 곳. 그곳에서 판스토쿰은 사람들에게 여가 문화를 팔고 있다. 헤이그를 오가는 수많은 거주자들, 여행자들을 위한 느낌 있는 쉼터로 만들어 가고 있다. 네덜란드 사람들뿐만 아니라 관광객들이 몰려오는 이유다.

세련된 디자인으로 아이들의 상상력을 응원하는 서점 팩맨Paagman

　헤이그에 있는 서점 중 추천하고 싶은 서점이 있다면 주저 없이 그 중의 하나가 팩맨 서점paagman; paacman (영)이다. 1951년 팩맨가Paacman Family에서 일구어낸 이 서점에는 음반도 판매하고, 미술용품, 사무용품들과 빨강색, 분홍색의 선반을 이용한 책 전시가 특징이며 깔끔한 디자인이 두드러지는 감각적인 인테리어가 이 서점을 오가는 이들에게 시원한 시각적 느낌을 가지게 한다. 인근의 모든 상점들과 이웃하는 정겨움도 함께 표방하고 있다. 헤이그에는 팩맨 서점이 두 군데 있다. 하나는 시내 광장 근처와 또 하나는 헤이그의 자랑인 헤이그 시립미술관Gemeentemuseum 건너편 동네에 있다.

　팩맨서점은 아이들이 좋아하는 놀이동산처럼 아기자기하고 예쁜 동화나라처럼 꾸며 놓았으니 아이들이 싫어할 리가 없다. 곳곳에 놓여 있는 장난감 상품들도 훌륭하거니와 어느 곳에서도 책을 마음껏 볼 수 있는 공간도 너무 근사하다. 이곳에서 책을 읽는다는

1951년 팩맨가에서 창립한 팩맨서점

팩맨서점은 아이들이 좋아하는 놀이동산처럼 아기자기하고 예쁜 동화나라처럼 꾸며 놓았으니 아이들이 싫어할 리 없다.

팩맨서점 내부

헤이그의
알록달록한 서점들

것은 근사한 인형극 대본이나 재밌는 환상동화 극본 한 편을 읽는 것과 같다. 바로 그 동화 내용의 무대 배경이 서점 안에 펼쳐져 있기 때문이다. 책을 읽고 난 후 그 감동을 그대로 재현할 수 있는 곳이다.

팩맨서점의 자랑거리는 어린이 책 공간에 그치지 않는다. 서점 내 카페도 유명하다. 오히려 이곳에서 브런치를 즐기려고 오는 사람이 있을 정도이다. 흡사 텍사스 골목의 어느 한 음식점같이 보이는 독특한 인테리어가 고객들의 마음을 붙잡아 놓는다.

팩맨이라는 게임을 디자인한 남코^{Namco} 회사가 애초에 어린이용 목마를 제조하던 곳이어서 그럴까? 팩맨서점에 대한 연관성이 저절로 이어진다. 서점 내 카페 이름이 킥클링 홀스 카페^{Kickling Horse}

팩맨서점 내부

팩맨서점 안에 있는 카페도 유명하다. 팩맨이라는 게임을 디자인한 남코 회사가 애초에 어린이용 목마를 제조하던 곳이어서 그럴까? 카페 곳곳에 목마가 있어 볼거리를 제공해 준다.

Cafe이고 카페 곳곳에 목마가 있어, 보는 이들에게 심심찮은 볼거리를 제공해 준다.

집 두 채가 하나로 연결되어 있는 커다란 서점을 이루고 있다. 영역별로 책을 판매하고 있고 어린이를 위한 특별한 공간과 카페 그리고 대형 문구를 파는 코너로 이루어져 있어 매장 안을 돌아보는 것만으로도 즐거운 시간이다.

스파우역 근처의 또 하나의 팩맨서점은 약간 작은 규모지만 산뜻한 색감의 선반과 모던한 이미지의 인테리어로 인해 주변 건물과의 대조적인 분위기를 자아낸다. 2층에는 중고서적도 판매하고 있다. 서점인지 인테리어 상점인지 모를 정도로 디자인해 놓은 그들의 전시 감각에 감탄하게 된다. 책을 디자인하는 삶에 대한 반향을 불러일으킨다.

낯선 발걸음을 내딛는 여행자의 갈증을 해결해 주는 서점
스탠리 앤 리빙스톤 Stanley & Livingstone

가장 사람들이 붐비는 쇼핑 거리를 따라가 보면 어느 한구석에 조그만 골동품 가게 같은 작은 서점 하나가 있다. 뜨거운 햇살을 잠시 막아 줄 초록색 줄무늬의 차양으로 꾸며진 작은 서점. 자세히 들여다보지 않으면 지나치기 쉬운 서점. 지도와 마을 안내서를 들고 조심조심 두리번거리며 찾아다녀야 하는 여행자의 마음가짐으로 찾지 않으면 잘 발견되기 힘든 곳. 거기에 뭔가 콜콜한 냄새가 나는 것 같다.

1993년 헤이그의 가장 번잡한 거리 한가운데 여행 책을 전문으로 하는 서점이 생겼다. 여행 책과 안내서는 기본이고 자전거 여행 안내 책, 지도, 지구본 등등 여행에 필요한 것들을 이곳에서 찾을 수 있다. 자그마한 서점이지만 지금까지 20여 년간 여행전문서점으로서의 명성을 유지하는 그 원동력은 무엇일까?

여행자들이 많이 거쳐 가는 도시이기 때문인가? 독특한 인테리어나 분위기가 있어서인가? 나름 요즘 유행하는 독립서점이나 인디 책방, 작은 서점의 이미지를 가지고 있어서인가? 꼭 그런 것 같지는 않아 보인다. 무심한 듯 보이는 적절한 거리를 유지하는 친절함은 서점을 드나드는 이에게 혼자 생각하고 책을 고를 수 있는 시간을 주기 때문에 편안함을 주기 때문인가?

어쩌면 뚝심때문일거라는 생각이 든다. 수많은 서점들이 생겨나

여행자를 위한 서점, 스탠리 앤 리빙스톤

고 문을 닫는 것이 다반사인 요즘에 20년 이상 자리를 지킨다는 것은 서점 운영에 대한 각별한 애정이나 철학을 가지고 있기 때문이 아닐까. 유행에 민감하여 우후죽순처럼 무엇인가가 생겨나고 좀 시들해지면 흔적을 감추어버리는 그런 문화가 상대적으로 덜한 곳이기에 가능할지도 모르겠다. 한 번 둥지를 틀면 안정을 위하여 노력하는 네덜란드 사람들의 기질도 숨어있을 것이다. 전통을 중시하고 보존하는 것에 주요한 가치를 두는 정서가 그대로 녹아있기 때문일 수도 있다. 실제로 유럽에는 100년 이상 운영해 온 전통을 자랑하는 아름다운 서점들이 생각보다 많다.

헤이그는 예전부터 세련된 군주 도시였다. 1800년대 초반 나폴레옹의 시대가 물러난 이후 서서히 네덜란드는 안정을 찾아가고 있었다. 정치적으로 안정이 되면서 국가적 자부심은 커져갔다. 그 와중에 암스테르담을 비롯한 대도시에서는 고전을 읽는 움직임이 활발해졌다. 따라서 서점의 역할과 기능은 높아졌다. 그 가운데 헤이그에서는 인쇄업과 제본업이 발달하게 된다. 특히 온갖 상가가 몰려 있는 시내 중심가인 스파우Spui 거리에는 당시 헌법최신판을 제본한 명실공히 왕립 제본가까지 등장하였다. 그러한 배경과 역사를 가진 도시에서 생겨난 서점은 헤이그 시민들의 은근한 자부심이었을지도 모른다. 당시의 서점들이 지금까지 남아있지는 않지만 역사와 고전에 대한 열망과 향수가 그들에게 남아있는지도 모르겠다.

서점인 듯 서점 같지 않은 그리고 서점 같은 서점들이 하나둘씩 헤이그 시내를 꾸며갈 때 그들은 인근 상가와 조화를 이루어간다.

스탠리 앤 리빙스톤은 여행전문서점답게 각종 지도와 지구본들이 눈길을 끈다.

스탠리 앤 리빙스톤 서점 내부 (출처: www.stanley-livingstone.eu)

헤이그 시내에 옛 건물과 새 건물이 교차적으로 나타나고 있는 도시 풍경 속에 서점 역시 그러하다. 옛것의 정신을 팔면서 현대의 옷을 입고 때로는 빈티지한 모습으로 시민들에게 다가간다. 눈에 띄는 하이글로시한 선반에 헤이그의 현재를 보여주지만 옛 시절의 풋풋한 감성으로 서점을 운영하는 이들이 있다.

   무거운 일상 속에 가벼운 산책을 하고 싶을 때
   바쁘지만 한가로운 휴식 시간을 기어코 가지고 싶을 때
   생각 없이 살아가지만 진지한 멈춤을 하고 싶을 때
   어딘가 떠나고 싶지만 머물러야 할 때에 잠시 숨고르기하며 찾아가고 싶은 그곳의 이름은 헤이그 그리고 그 안에 자리하고 있는 서점들이다. 의외성을 보여주지만 억지스러운 면이 보이지 않는 자연스러운 반전의 매력을 보여주는 곳이 헤이그의 서점들이다.

5장
세상에서 가장 아름다운 서점
부칸들 도미니카넌

천상의 서점, 부칸들 도미니카넌

우리가 사는 지구별에는 중세시대의 프레스코화가 천정에 그려져 있는 아름다운 서점이 있다. 그 서점이 너무 아름다워서 2008년 영국의 〈가디언Gardian〉에서는 '세상에서 가장 아름다운 서점' 10곳 중 1위로 매기고 '천상의 서점Bookshops made in Heaven'이라고 극찬한 곳이다. 또 2007년에는 렌스벨트 인테리어 건축상Lensvelt de Architect Interior Prize을 수상하고, 2011년 론리 플래닛은 세상에서 가장 아름다운 서점 중의 하나라고 발표한 서점. 바로 부칸들 도미니카넌 서점구 셀렉시즈 도미니카넌이다.

셀렉시즈 도미니카넌Selexyz Dominicanen, 셀렉시즈Selexyz는 네덜란드 체인서점이고 도미니카넌Dominicanen은 도미니카교회 또는 도미니카 수도원이었다는 의미다. 셀렉시즈 도미니카넌은 부칸들 도미니카넌Boekhandel Dominicanen으로 이름이 바뀌었다.

세상에서 가장 아름다운 서점
부칸들 도미니카넌

마스트리흐트 시청 　　　　　　　부칸들 도미니카넌 서점 내부

　이 대단한 서점은 네덜란드 남부 림부르흐^{Limburg}주에 있는 마스트리흐트^{Maastricht}에 있다. 서쪽으로는 벨기에, 동쪽으로는 독일과 마주하는 접경지대다. 세 나라의 문화가 혼재되어 있어 여느 네덜란드 도시와는 사뭇 다른 분위기가 넘치기도 한다.
　마스^{Maas} 강을 사이에 두고 신시가지와 구시가지가 나뉘어 있다. 네덜란드에서 가장 오래된 다리 신트 세르바티우스^{St. Servatius} 다리를 건너며 바라보는 마스트리흐트의 전경이 꽤나 이국적이다. 마스트리흐트는 1992년에 유럽연합^{EU}이 탄생된 역사적인 도시이다^{마스트리흐트 조약이 체결되어 기존의 EC는 EU로 바뀌고 유로화 사용도 본격적으로 이루어지게 된다}.
　우리 귀여운 막내가 태어나기 한 달 전 세 딸을 데리고 가족 나들이 기차여행으로 부칸들 도미니카넌이 있는 마스트리흐트에 갔다. 너무 신기하고 아름다워서 두리번두리번하며 다니던 애틋한 추억이 담긴 어여쁜 도시다. 그리고 4년 후 태어난 막내까지 우리 가족은 이 서점에 들러서 다시 한 번 두리번두리번하며 아름다운 도시를 거닐었던 예쁜 추억의 장소다.

이 도시의 역사를 살펴보면 기원전 50년쯤에 로마인이 와서 정착하며 건설한 이야기까지 거슬러 올라간다. 그중 우리가 방문한 도미니카교회는 무려 700년 넘게 이 자리를 지켜왔다. 유구한 역사를 가지고 있어 교회 건물 자체가 국가문화재Rijksmonument이다.

도미니카교회는 13세기1226년에 지어졌다. 고딕양식으로 지어진

천정에는 성 토마스 아퀴나스의 일대기를 그린 프레스코화가 그려져 있다.
도미니카교회는 13세기(1226년)에 지어졌다.

세상에서 가장 아름다운 서점
부칸들 도미니카넌

도미니카교회는 초기에 가톨릭의 도미니코회의 소유답게 천정에는 성 토마스 아퀴나스^{St. Tomas Aquinas}의 일대기를 그린 프레스코화가 그려져 있다. 이것이 이 성당의 가치를 보여준다. 18세기^{1794년} 프랑스군이 군대의 주둔지로도 사용되었다

1912년부터 1917년까지 네덜란드의 유명한 건축가 카이퍼스 주도로 대대적인 복구공사를 했다.

가 이후에는 교회로 바뀌기도 했다. 19세기에는 다시 무기창고로도 쓰였고 그 후에는 자전거나 카니발 축제 때 쓰이는 여러 축제용품을 보관하는 창고로 쓰인 쓰라림을 간직한 공간이다. 1912년부터 1917년까지 네덜란드의 유명한 건축가 피에르 카이퍼스^{Pierre Cuypers} 주도로 대대적인 복구공사를 했다. 이때 정통 고딕양식을 복원하면서 교회 입구의 바로크풍의 모습을 없애기도 했다.

2005년부터 2006년에는 서점을 만들기 위한 본격적인 공사를 시작했다. 네덜란드 정부는 이 교회의 원형을 잘 복원하는 동시에 성당의 고유한 멋을 그대로 잘 간직할 수 있도록 건축회사에 의뢰했다. 네덜란드의 유명 인테리어 디자이너와 건축회사인 메르크스 히롯^{Merkx+Girod}이 아름다운 서점으로 재탄생시켰다. 이미 가지고 있던 성당의 단아한 아름다움이 채색된 셈이다.

교회의 원형을 그대로 둔 채 가운데 검은색 철제로 된 3층 높이의 서가를 만들어 절묘한 조화를 이루어냈다. 중앙 철제에는 엘리

베이터와 계단이 있어 3층 높이의 서가를 오르내릴 수 있다. 성가대가 있던 자리에는 꽤나 낭만적인 카페가 있어 서점 내에 향긋한 커피향이 퍼진다.

종종 부캉들 도미니카넌에서 저자와의 대화, 강연회, 음악회, 전시회 등이 열리고 있어 지역사회의 문화센터 역할도 동시에 하고 있다. 하지만 2013년에 재정난을 겪기 시작하면서 급기야 2014년 2월에 문을 닫았다가 회생을 위한 협상을 거친 후 셀렉시즈 도미니카넌에서 부캉들 도미니카넌으로 이름이 바뀌고, 지금 다시 그 모습을 회복했다. 이 아름다운 서점을 살리기 위한 전 세계 사람들의 모금 운동도 이루어졌다고 암암리에 전해진다.

아리스토텔레스와 안셀무스를 이은 대학자 토마스 아퀴나스의 인생이 천정에 프레스코화로 그려진 이 교회는 어쩌면 태동부터 험난한 인생을 예고했는지도 모르겠다. 스콜라철학을 집대성하고 신학대전으로 기독교 교리를 체계화 한 아퀴나스의 발자취만큼, 베네딕트회를 거부하고 도미니크회 수도사로 전향하면서 겪었던 그의 험난한 인생만큼, 그리고 그의 학문적 열정이 남아 있어 지금은 현대를 살아가는 우리들의 지성을 키워갈 창고인 서점이 들어선 것을 보면….

역사의 골짜기에 접혔다 펼쳐지며 아로새겨진 이 교회의 지난 이야기는 여기에 눈물 닦는 공부는 지금도 지속되고 있는 듯하다. 앞으로 인생을 살아갈 우리 아이들과 엄마인 나도 어쩌면 매일 눈물 닦는 공부를 하고 있는 것인지도 모르겠다. 아니 그 공부는 생을 마치는 순간까지 해야 하는 것인지도.

6장
나만 알고 있을 것 같은 아름다운
서점 반더스 인 더 브루어른

장을 보러가는 길목에서 만나는 서점,
반더스 인 더 브루어른

아름다움에 대한 예찬은 아름다운 순간에 대한 예찬이다. 너무 아름다운 풍경을 마주한 순간 할 말을 잃는 응시의 시간 속에 자신을 내맡긴 적이 얼마나 많았던가. 아름다움을 보고 아름답다고 말할 수 있는 사람은 용기 있는 사람이다. 용기를 펼칠 수 있는 삶이 아름다운 삶이라고 느껴진다.

네덜란드의 헤네마위덴Genemuiden에 사는 나는 가끔 이웃동네로 장을 보러 간다. 월요일 또는 금요일, 토요일에 장이 서는 즈볼러Zwolle에 가는 날은 분주하다. 아이들이 학교에서 수업을 받는 동안 부지런히 필요한 먹거리들을 사와야 하는 것이 때로는 스릴 넘치는 게임 같다. 주어진 시간에 후다닥 문제풀이를 해야 하는 강박

증조차 무겁지 않게 다가올 수 있음은 내 마음에서 비롯된 것이 아니라 내가 바라보는 아름다운 피사체 때문이다.

나와 이 서점의 인연은 그렇게 시작되었다. 장을 보러 가면서 들르게 되는 나만의 참새방앗간. 마음씨 좋은 농부가 보리밭이나 밀밭의 곡식을 다 추수하지 않고 가난한 사람들이 거두어 가도록 이삭을 남겨두듯이 그곳에 갈 때마다 나를 위한 이삭이 남아있을 것 같은 기분 좋은 착각을 하게 만드는 서점이다. 이삭 줍기 놀이는 곤고해지기 쉬운 해외생활에서 맛보는 은혜로운 행위이다. 비록 맘에 드는 물건을 사지 못하더라도 눈요기하며 잠시나마 모든 것을 소유한 만족감을 누린다. 눈과 마음이 황홀해지는 놀이를 할 수 있기 때문에 시간에 쫓기더라도 일부러 찾아가는 서점이다. '새로 들어온 책들이 이것이구나'라고 외치기 시작해서 브런치를 즐기는 사람들의 여유로운 모습을 엿보는 것까지 나만의 필름영화를 찍어내는 시간이다. 무엇보다 서점 안에 들어서자마자 밖에서 들어오는 햇빛이 스테인드 글라스를 지나면서 펼쳐지는 햇살은 위대한 명작을 볼 때 감성이 깨어나고 영혼이 위로받는 순간의 감동과 잇닿는다. 바르셀로나에 있는 사그라다 파밀리아 성당에 들어서자마자 창문과 스테인드 글라스를 통해 들어오는 찬란한 햇빛의 아름다움에 경이로움을 느꼈던 그 감동과 비슷하다.

오버라이설Overijssel주의 주도州都인 즈볼러Zwolle는 무너진 성벽이 남아 있고 세월을 짐작하게 하는 퇴색된 벽돌색의 건물들과 운하가 어우러진 어여쁜 중세도시이다. 아무리 바빠도 운하 속에 비친 성곽들을 바라보며 감탄하고 그 순간의 감동을 남기고자 사진을

즈볼러는 무너진 성벽이 남아 있고 세월을 짐작하게 하는 퇴색된 벽돌색의 건물들과 운하가 어우러진 어여쁜 중세도시다.

찍는 시간들이 참 좋다. 종종걸음으로 움직이더라도 잠시 멈춤을 할 수밖에 없는 도시 풍경은 늘 내게 모든 것을 다 가진 자의 여유로움을 맛보게 해준다.

하늘이라도 맑으면 눈부신 행복감 때문에 장보는 일조차 설레는 일상이 되어버린다. 내가 살고 있는 곳에서 장을 보러 가는 길목에 위치한 반더스 인 더 브루어른 Waarders in de Broeren 서점이 있다는 것을 안 것은 네덜란드에 온 후 몇 년 지나서이다. 그 전에는 이곳이 형제교회 Broenenkerk였기 때문이다.

나만 알고 있을 것 같은 아름다운 서점
반더스 인 더 브루어른

15세기부터 마을 사람들의 신앙생활의 터전이었던 곳이 반더스 서점으로 탄생

형제교회는 1465년 베네딕트회에서 수도원을 세웠고 1640년부터 1980년까지 프로테스탄트 교회로 존재했다. 1983년 이후 5년 동안 교회 천정화도 복원하고 내부 수리를 하였고 1988년부터 2010년까지는 전시회장으로 사용되었다. 2005년부터 형제교회와 서점의 협업이 조심스레 진행되었다. 교회가 가진 역사적인 가치와 건물 형태를 보존하는 동시에 새롭게 출발하는 서점에서 지향하고자 하는 바를 담아내는 작업을 하고 2013년 7월에 지금의 모습을 갖추게 된다. 15세기부터 줄곧 마을 사람들의 믿음과 신앙생활의 터전이 되었던 반더스 서점은 현재를 살아가는 이들에게 새로운 문화와 지성을 담보할 수 있는 거점으로 변신했다. 서점 앞에는 작은 광장이 있고 작은 골목들을 지나면 커다란 광장이 나타나며 주변에 각종 상가들과 주요 기관들이 모여 있어 언제나 사람들의 흥성스러운 발걸음이 멈추지 않는 곳이다.

반더스Waanders가의 사업인 이 서점의 유래는 이러하다. 중세도시 구시가지 라이Rye 거리에 위치했던 반더스 출판사에서 시작된 반더스 서점은 1836년에 서점과 출판이 합병하며 역사에 등장한다. 사그마하세 시작되었던 사업이지만 기업으로 확장시키고자 한 노력에 부응하여 틸부르흐에서 경영학을 공부했던 젊은 반더스W.Waanders는 학업을 중단하고 즈볼러로 이사 와서 이 서점을 키워간다. 서점으로 변모시킨 후 여러 가지 혁신적인 시도를 한다.

15세기부터 줄곧 마을 사람들의 믿음과 신앙생활의 터전이 되었던 반더스 서점은
현재를 살아가는 이들에게 새로운 문화와 지성을 담보할 수 있는 거점으로 변신했다.

나만 알고 있을 것 같은 아름다운 서점
반더스 인 더 브루어른

반더스 인 더 브루어른의 내부 모습. 반더스 서점은 서점 그 이상의 공간이기를 추구한다.
(출처: www.waandersindebroeren.nl)

반더스 서점은 서점 그 이상의 공간이기를 추구한다. 갑자기 멈춰서야 할 미지의 세계, 먹고 마시고 강의와 콘서트와 전시회를 즐길 수 있는 미지의 세계. 그곳을 드나드는 모든 이들에게 놀라움을 선사해 줄 수 있는 곳이기를 지향한다. 끊임없이 고객들에게 변화무쌍한 책과 선물거리들을 선보이는 곳, 고급스러운 상점, 음악과 영화와 요리를 즐기고 어린이들이 좋아하는 곳, 여행과 정원 가꾸기에 관한 책까지 망라하는 곳.

여기에 기존의 성당이 가지고 있는 건축미와 중세부터 지켜 온 역사적 가치를 드러낼 수 있도록 설계하고 이를 뒷받침할 인테리어를 완성하기로 하였다. 1824년에 만들어진 파이프 오르간, 아치형 창문, 천정화, 스테인드 글라스, 원기둥, 높은 천정의 기존 구조를 남겨두어 중세 교회의 분위기가 서점에 자연스럽게 스며들게 한다. 거기에 현대적 감성이 드러나도록 백색톤으로 매장을 꾸민다. 텅 빈 구조 같지만 양 옆에 가득한 서고와 계단 중심으로 이뤄지는 동선의 기획도 눈여겨 볼만하다.

무명의 청년에 대한 추모와 영구 전시

원래 반더스 서점 지하는 묘지였다. 서점에 들어가면 중앙 한쪽 벽면에 설치된 평판이 있다. 또한 투명한 유리 바닥 아래에 구부러진 자세의 성인 남자 마네킹이 있다.

2010년에 고고학 발굴 작업 시 발견된 해골을 재현한 것으로 14세기 당시 23세였던 이 청년은 둔기로 머리에 부상당한 흔적이 있다. 안내문에는 이 청년의 이름이 헤르멘^{Hermen}이라고 적혀 있다. 서점 측에서는 발굴 당시 이 청년의 모습을 그대로 복원하여 영구적으로 전시하기로 결정했다. 정말 상상할 수 없는 결정이자 감히 넘볼 수 없는 그들의 가치관과 행동에 탄복한다.

대개 유럽의 교회나 성당과 수도원 지하에는 무덤이 있고 주변에는 공동묘지가 있다. 당시 사람들은 생전에 안식과 평안을 준 교회나 성당에 유해를 안치하는 것이 죽은 이의 영혼을 가장 평화롭게 만든다는 신념을 가지고 있었다. 교회나 성당 지하에는 성자급의 사람들을 안치하거나 당대 유명 인사들의 무덤이 있다. 그리고 교회나 성당에 다닌 이들은 사후에 그 옆에 조성된 공동묘지에 묻히게 된다. 그렇기 때문에 교회였던 이 서점의 지하에 무덤이 있다는 것은 그리 놀랄만한 일은 아니다. 그런데 거기서 발견된 것은 평범한 사람의 해골이었고 여러 가지 근거자료를 종합하여 확인한 것은 부상당하여 죽게 된 청년이라는 사실이다. 그 모습을 그대로 보존하여 전시하자고 결정한 그들의 가치관은 생각의 수준을 뛰어넘는 창조적인 발상이다.

서점이나 도서관에는 방대한 책들이 있다. 거기엔 늘 저자의 이름이 있다. 익명이 아닌 어느 누군가의 궤적이 분명한 책들이다. 비록 유명세에 따라 독자에 의해 그 책이 선택받느냐 아니냐로 책들이 분류되기도 하겠지만, 무엇인가 족적을 남긴 이들을 기념하는

형제교회였던 반더스 서점은 1836년 서점과 출판이 합병하며 역사에 등장했다.

나만 알고 있을 것 같은 아름다운 서점
반더스 인 더 브루어른

반더스 서점은 성당이 가지고 있는 건축미와 중세부터 지켜 온 역사적 가치를 드러낼 수 있도록 설계했다.

것이 보편적인 상식이다. 이름 없는 들꽃으로 사라져 간 인생들에 대한 추모가 그리 쉬운 일은 아니다. 한 사람의 가정에서는 가능하지만 사회적으로 국가적으로 큰 규모의 추모는 문화·경제·사회적 가치에 비추어 볼 때 쉽게 시도되는 일은 아니다.

서점으로 개조하는 공사 기간 중 발굴된 흔적이기에 그 자체를 소중한 사건으로 여기고 이를 스토리텔링으로 정성껏 포장하여 가치 있는 역사로 만드는 창조적인 행위이다. 그러기에 이 무명의 청년에 대한 추모와 함께 영구 전시를 성사시킨 가치관이 낯설 만큼 위대해 보인다. 그들에게는 이러한 능력이 탁월한 것 같다. 자그마한 일에도 의미를 부여하고 거기에 역사를 심어 넣는다. 그것은 역사가 되어 버리고 그것을 기념하고 전시한다.

모든 사람이 소중한 인격체라는 것을 모르는 사람은 없다. 그러나 이를 사회적인 행동으로 실천하고 사회적 가치를 드러내는 일은 쉽지 않다. 하지만 이들은 이 어려운 일을 해냈다. 비록 누구인지 모르는 풀꽃 같은 인생이지만 거기서 자신들의 모습을 발견한다. '헤르멘'이라는 청년을 기념하고 애도하는 것이 바로 자기 자신을 애도하고 기념하는 것임을 암묵적으로 동의하고 실현했다. 교회였던 서점에서 이런 전시물을 전시하는 것은 분명 역사로 이어질 것이다. 오늘도 서점을 오가는 이들에게 다양한 메시지를 전해줄 것이다. 이 서점에 들어올 때 마주한 감동을 가지고 서점 안을 돌아보고 나갈 무렵 어느새 나는 다른 사람으로 변하여 서점 출입문을 지나친다.

7장
책마을에서
공정여행을 배우다

네덜란드의 헤이온와이 '브레이더포르트'

나는 빠릿빠릿하고 계산이 능하고 수완이 좋고 이런 것과는 거리가 먼 것 같다. 좀 느리고 약하고 허술하고 허점투성이고 누군가의 도움으로 같이 살아가야 하는 이런 사람에 가깝고 또 이런 사람들과 부대끼는 것이 좋다. 아이들과 함께 간 곳은 한적하다 못해 고요하고 케케묵은 흔적이 여기저기 묻어있는 곳. 별다르게 할 일도 없고, 화려한 볼거리도 없고, 밋밋한 일상에 약간의 반짝거림을 준 하루 같은 곳. 소소한 움직임이나 의미가 있는 정적으로 보이나 동적인 요소들이 곳곳에 박혀있던 작은 마을이다.

오래된 고서부터 최근 도록까지 무심한듯 함께 진열되어 있는 풍경이 그저 좋다. 네덜란드의 동쪽, 즉 독일 접경지대에 있는 네덜란드의 작은 마을 브레이더포르트Bredevoort는 여느 도시처럼 장터가

네덜란드의 책마을 브레이더포르트. 무인판매대가 있어 1유로에 가져갈 수 있는 책들이다. 책과 양심을 파는 곳이다.

열리는 곳이다. 그런데 우리 동네처럼 야채·과일·고기·햄·치즈 등을 파는 것이 아니라 오래된 헌책들을 파는 곳이다. 우리 아이들에게 예쁜 책마을에 가자고 했을 때 순순히 따라가면서도 "거기 가서 뭐 해?"라고 묻던 아이들의 질문에 단숨에 대답하기가 곤란했었다. 예쁜 마을에 가서 오래된 책 중에 맘에 드는 책을 사러 가자고 아이들을 대강 얼러서 간 곳이다.

헌책만 파는 마을, 헌책방 장터가 열리는 곳, 좀 더 아날로그 감성을 자극하는 말로 표현하면 '책마을'이다. 영국의 동남부 웨일스 지방에 유명한 오래된 헌책방 마을이 있는데 헤이온와이$^{Hay-on-Wye}$라고 부른다. 헤이온와이는 원래 탄광촌이었다. 와이강을 끼고 도는 마을이라 헤이온와이라는 마을 이름을 붙였다고 한다. 마치 우리나라 하회마을 같이. 이 오래되고 쓸모없어진 탄광촌을 세계적인 관광지로 만든 배경에는 남들이 생각지 못한 아이디어로 자신의 인생을 보낸 '리처드 부스'라는 사람의 열정이 있었다. 옥스퍼드대학을 졸업한 그는 옥스퍼드 출신들이 평범하게 향하여 나가던 발걸음에서 딴 데로 향한 것이다. 전 세계를 돌며 수 만 수 천 권의 헌책을 모아 헌책방 책마을을 일구어 낸 것은 블루오션을 개척한 것으로 설명할 수 있겠다.

책마을이 네덜란드에도 있다는 것을 알고 나는 아이들을 데리고 네덜란드의 헤이온와이로 불리는 브레이더포르트로 향했다. 브레이더포르트는 여느 동네와 별다른 것이 없어 보이는 작고 아담한 동네다. 우리 아이들의 수다와 웃음소리가 제일 큰 소음이었던

브레이더포르트 동네 별칭이 더치 헤이온와이란다. 이 중세마을은 1993년에 책마을로 변신했다.

조용한 동네였다. 이 동네 별칭이 더치 헤이온와이$^{Dutch\ Hay\text{-}on\text{-}wye}$란다. 이 중세마을은 1993년에 책마을로 변신했다. 독일과 협력하여 이루어진 책장터이다. 그래서 독일 사람들도 많이 오고 독일어로 된 책도 많다. 매월 셋째주 토요일에는 특별한 주제로 책장터가 열리고 상설적인 헌책방이 열 개 정도 운영되고 있다.

각 가정의 뒷마당의 모습도 오래된 책을 닮았다. 곳곳에 골동품을 파는 앤티크 가게가 있고 중고물품을 모아 파는 곳들이 있다. 내가 살고 있는 네덜란드에서 중고장터를 많이 보아서 그런지 이러한 앤티크 가게를 이곳 더치 헤이온와이에서 보는 것은 낯설지 않았다.

아뜰리에가 군데군데 있고 사진전도 열리고 전시회도 열리며, 책장터가 서는 날에는 책 콘서트나 문화행사가 이루어진다. 유럽의 책마을들은 대개 비슷하게 행사를 하는 것 같다. 저자와의 만남이 있고, 토론회가 있고, 문화공연이 있다. 마을 중심부 큰 나무 앞에 자그마한 광장을 중심으로 헌책방, 영어 책방, 독일어 책방, 고전어 책방 등이 구석구석 있었다.

지나가다가 얼핏 보았던 여자 동상은 램브란트의 두 번째 아내인 헨드리케의 입상이라고 한다. 헨드리케는 이곳에서 출생하여 램브란트의 하녀로 들어가면서 헤이그로 갔다. 한 시대의 위대한 화가로 자리매김한 램브란트를 악조건 속에서도 사랑하고 내조한 그녀를 기념하기 위해 동상을 세웠다. 일종의 주홍글씨 같은 낙인을 받으며 생활하면서도 끝까지 램브란트를 후원하고 지켜주고 사랑해 준 위대한 화가에 걸맞은 뮤즈. 그래서 램브란트는 헨드리케를 그림으로 그 사랑을 보답했나보다. 헌책방 구석구석 램브란트의 책이 많은 것도 그 이유 중의 하나일까?

지나가다가 얼핏 보았던 여자 동상은 램브란트의 두 번째 아내인 헨드리케의 입상이라고 한다.
헌책방 구석구석 램브란트의 책도 많다.

관광안내소 중심으로 여기저기 산발적으로 위치한 책방 앞에는 할아버지 할머니들이 유유자적하게 이 책 저 책을 고르고 있다. 장터 옆에는 레스토랑에서 식사를 하거나 차를 마시기도 하고, 여기엔 책만 오래된 것이 아니라 관광안내소에 계신 분들도 나이 지긋한 할아버지 할머니이셨다. 서점을 운영하시는 분들도 동화책 주인공 같은 할아버지다.

서점 앞에서 문지기를 하는 고양이, 여행 가방에 책을 하나둘씩 담던 독일 사람들, 엄마 아빠와 함께 책을 고르던 꼬맹이들… 호객 행위로 시끌벅적한 시장의 모습이 아닌 누가 무엇을 하든, 누가 어떤 책을 사든, 상관없이 진열되어 있는 책들과 장사와 상관없는 맘 좋은 책 주인들처럼 보인다.

책마을의 정서를 팔고 역사를 파는 곳

겉에서 보면 자그마한 입구인데 들어가면 미로찾기하듯 이어져 있는 책 코너가 있다. 계단을 따라 올라가면 다락방에 온통 가득한 책들. 이 다락방에서 우리 아이들은 숨바꼭질 놀이를 했다. 이 곳 저 곳 내 집 돌아다니듯 구경하던 아이들에게 손주들 바라보는 눈길로 바라보아주신 후덕한 할아버지. 화랑을 운영하시면서 부담 없이 구경하라고 하시고 작품 안내도 하시던 그 친절함. 뭔가를 사도록 하는 주인가게의 무언의 압력도 느낄 수 없는 자유로움과 여유로움! 책방과 책 카페를 동시에 운영하는 한 책방에서 우린 화장실도 이용하면서 잠시 기분 좋은 만남을 허락한 책 주인아저씨도 인

호객행위로 시끌벅적한 시장의 모습이 아닌 누가 무엇을 하든, 누가 어떤 책을 사든, 상관없이 진열되어 있는 책들과 장사와 상관없이 맘 좋은 책 주인들처럼 보인다.

책마을에서
공정여행을 배우다

옛 주인과의 만남을 정리하고 새 주인을 기다리는 책들. 어쩌면 각각의 책들도 인생이다.

상적이었다.

뭔가 소장가치가 있는 책이 있을까 하고 두리번거리고 아이들은 요즘 관심사인 요리에 관한 책을 고른다. 어쩌다 보니 둘째아이에게만 책을 사주게 되었다. 소비에 위축되다시피 늘 아껴 쓰는 생활에 젖어서 꼭 사야 할 것이 아니면 사지 않는 생활습관에 젖어 있는데다가 이곳에 오느라 이미 많이 투자한 교통비 때문에 절로 아끼는 마음이 샘솟아 선뜻 아이들이 고른 모든 책을 사줄 수가 없었다. "왜 내가 고른 것은 안 사?" 단지 안 사준 것에 대한 미안함 뿐만 아니라 그곳에서는 책을 사는 것이 맞겠다 싶었다. 아이들의 심사숙고한 결정을 존중했어야 했나 보다. 첫째 아이가 고른 책은 너무 평범하고 도서관에서도 빌려볼 수 있는 것이었고 셋째 아이와 넷째 아이가 사자고 한 책도 집에 있는 그림책과 비슷해서 다음에 사자고 말했다.

서점 앞에서 문지기를 하는 고양이. 서점을 운영하는 분들도 동화책 주인공 같다.

공정무역이라고 있다. 그 개념의 평행선 상에 공정여행이 있다. 여행하면서 쓰는 돈이 어디로 흘러가는가에 초점이 맞추어진 여행. 오늘 여기서 책을 사는 것은 책마을을 사는 것과 같다.

책마을의 가치는 오래된 책의 가치만을 말하지 않는다. 사라져 가는 책, 소멸 또는 잊혀가는 책을 되살려 놓는 데 의미가 있다. 반듯하고 세련되고 편집이 잘 된 요즘의 책에서는 느낄 수 없는 오래된 책 향기에서 발산되는 권위스러운 아우라의 향취가 있다. 지적 허영심보다는 지적 향수를 가지게 하고 고전의 맛을 슬쩍 맛볼 수 있는 발효된 향기를 품은 헌책들. 옛 주인과의 만남을 정리하고 새 주인을 기다리는 책들. 어쩌면 각각의 책들도 인생이다.

그런 책을 사랑하는 사람들이 일구어가는 책마을. 대부분 유럽의 책마을은 그렇게 생겨났다. 마을 사람들의 생계이기도 하겠지만 마을 사람들의 자존심이고 자랑이다. 관광안내소에서 관광객을 안내하는 할아버지, 책방에 계시던 할아버지와 할머니들에게서 그들의 자존심을 느낄 수 있었다. 흔히 시장에서 볼 수 있는 싸구려 흥정이 아니라 품격을 가진 거래라고 보면 좋겠다.

서로가 서로의 가치를 존중해주는 만남, 그래서 내가 쓰는 돈이 의미있는 활동이며, 먼지 풀풀 나는 고물상 같은 서점이 아니라 고서를 잘 보관해서 추억과 가치관을 전시하는 책방. 브레이더포르트는 책마을의 정서를 팔고 책마을의 역사를 팔고 책마을의 정신을 파는 곳이다.

네덜란드 아니 유럽엔 이런 전통이 많다. 마을 사람들이 주인이 되어 축제를 하고, 그 마을의 색깔을 점점 분명하게 만드는 주체의 책마을의 가치는 오래된 책의 가치만을 말하지 않는다.
사라져가는 책, 소멸 또는 잊혀가는 책을 되살려 놓는 데 의미가 있다.

책마을에서
공정여행을 배우다

네덜란드의 책마을 브레이더포르트는 책마을의 정서를 팔고,
역사를 팔고, 정신을 파는 곳이다.

식을 드러낸다. 지역색이 아니라 다소 건강한 지역감정이다. 자기 고장에 대한 자부심과 열정으로 키워가는 마을들이다.

이곳 시골 마을도(아마도 대부분 유럽의 책마을들이 그럴지도 모르겠다) 마을을 살리고자 생각해 낸 문화사업의 일환으로 책마을을 가꾸어가고 사라져가는 것의 안타까움을 되살려 놓고자 과거를 현재로 붙잡아 미래를 여는 공간으로 재탄생시킨 것이다. 책만 살리는 것이 아니라 책을 사랑하는 사람들까지 살려 놓은 것이다.

묵혀두는 과거는 그냥 묵혀진다. 적절한 때에 끄집어내서 새로운 요리법으로 옛맛을 잘 살려야 한다. 무턱대고 오래된 것은 다 골동품으로 보면 안 된다. 의미 있고 가치 있는 오래된 것을 캐내야 하고, 때로는 의미가 묻혀 있던 것을 새롭게 덧입히는 일도 현대를 살아가는 우리들의 몫이다. 이는 우리가 고전을 읽는 이유와도 맞물린다.

2부
벨기에와 프랑스의 매력적인 서점들

1장 사라지는 책들의 운명이 되살아나는 책마을
벨기에의 책마을 흐뒤

2장 브뤼셀의 정말 예쁜 서점들의 매력에 푹 빠져 보실래요?
트로피슴 · 르 울프

3장 세상에서 가장 맛있는 서점
쿡앤북

4장 푸른 수레국화가 그려져 있는 책방
르 블뤼에

5장 그때도 지금도 예술적인 장소
셰익스피어 앤 컴퍼니

6장 역사 속으로 사라진 책의 도시 리옹의 어느 멋진 서점
르 발 데 아르덴츠

1장
사라지는 책들의 운명이
되살아나는 책마을

싱그러운 숲 속 마을에서 만나는 책의 풍경들

어릴 적에 즐겨보았던 프로그램 중 TV 드라마가 있다. 〈캔디〉 〈하이디〉 〈꼬마자동차 붕붕〉 〈엄마 찾아 삼만리〉 〈플란다스의 개〉 등의 만화영화를 보는 시간은 유일하게 그 시절에 즐기던 문화생활이었다. 극장에 가는 것은 아주 특별한 경험이었다. 그때 보았던 만화영화들은 아직도 내 마음속에 아련하고 풋풋한 어린 시절의 젖비린내 같은 원초적인 추억이다. 만화영화뿐 아니라 〈소머즈〉 〈두 얼굴의 사나이 헐크〉 〈슈퍼맨〉 〈맥가이버〉와 같은 드라마를 보는 시간은 그 당시엔 일종의 판타지를 간접 체험하는 시간이기도 했다.

TV에 얽힌 추억 중 지금까지도 잔잔한 감동을 불러일으키고 시간이 지날수록 더 선명해지는 그때 그 시절의 느낌을 간직한 드라마가 있다. 안개빛 같은 몽롱한 기억이 주는 신비로움과 빨려 들어가고 싶은 욕망을 일으키게 하는 몽환적인 영상으로 늘 동경과 부러움과 공감이 동시에 이루어지게 하던 드라마, 바로 〈초원의 집〉이다.

벨기에의 책마을 흐뒤를 찾아가는 길은 푸른 향기를 쫓아가는 여정이었다.

〈초원의 집〉은 미국 동화작가 로라 잉걸스 와일더 Laure Ingalls Wilder가 유년기 체험을 바탕으로 쓴 가족 역사소설 시리즈를 드라마로 만든 것이다. 미국 서부 개척시대를 살아가는 로라 가족의 이야기를 날것 그대로 전하는 담백하고 순수한 장면들에 감동하며 보았던 드라마였다. 자세한 내용은 기억이 잘 나지 않지만 저런 초원에서 통나무집에 사는 느낌은 저렇겠구나 싶었다. 보넷을 쓰고 있는 여자아이들의 패션도 무척 인상적이었고 양갈래로 머리를 땋고 꽃무늬 원피스를 입은 주근깨 소녀 로라의 당찬 흥얼거림도 정겨웠다. 〈초원의 집〉을 너무 동경한 나머지 지금 우리 집에 네 명의 딸이 있나 싶을 정도로 그 드라마에 대한 애정이 컸었.

자연 속의 푸르름이 그대로 마음속에 이식되어 파릇파릇하게 인생을 살아가는 소소하지만 소중한 그들의 인생 이야기가 좋았다. 가슴을 후벼 파는 격동적인 이야기가 아니라 뭉근하게 저며 오는 소박한 시골냄새 가득한 이야기가 어쩌면 인생을 살아오면서 힘들 때마다 몰래몰래 찍어 먹고픈 꿀단지 같은 힘을 건네주곤 했다.

벨기에의 책마을 흐뒤 Redu: 벨기에는 프랑스어, 네덜란드어, 독일어를 공용으로 사용한다. 이 지방은 프랑스어를 사용한다. 영어로는 레뒤라고 읽고 벨기에에서는 흐뒤라고 발음한다를 찾아가는 마음이 그러했다. 해발 450미터 고원지대이자 초원의 숲으로 이루어진 환상적인 풍경 한 가운데 있는 책마을 흐뒤를 찾아가는 길은 푸른 향기를 쫓아가는 여정이었다.

해마다 흐뒤 책마을에서는 책의 날 축제를 연다. 8월 첫째주 주말에는 대대적인 축제를 연다. 상설 헌책방이 있기는 하지만 축제

때에는 좀 더 색다른 마을 잔치가 이루어진다. 유네스코가 정한 세계 책의 날 4월 23일은 대개 부활절 즈음이기에 그 시기에도 책마을 행사가 많이 이루어진다.

스페인의 카탈루냐 지방에서 그들의 수호성인인 상트 호르디 축일에 남자는 여자에게 장미꽃 한 송이를, 여자는 남자에게 책 한 권을 선물하던 풍습이 유럽 전역에 퍼지기 시작하면서 생기게 된 것이 책의 날 유래이다. 1995년에는 유네스코에서 4월 23일을 세계 책과 저작권의 날로 지정한다. 특별히 4월 23일은 셰익스피어와 세르반테스의 사망한 날과 겹쳐 더 의미가 있는데 내가 책마을 흐뒤를 찾은 해는 셰익스피어 사망 400주기로 세계 도처에서 행사가 많이 진행되었다.

저 멀리 보이는 통나무집을 보자마자 한달음으로 달려가기에 충분한 매력을 지닌 책마을이다.

내가 흐뒤를 찾았을 때는 4월 23일 세계 책의 날을 맞아 책의 날 행사가 이루어지고 있었다.

　우리가 책마을에 찾아간 때는 마침 3월 말 부활절이었기에 책의 날 행사가 이루어지고 있었다. 그 소식을 접한 후에 부랴부랴 찾아 간 곳인데 역시나 실망시키지 않은 곳이었다.

　봄에도 우중충하고 비 오고 바람 부는 날씨가 대부분인 서유럽에서 한껏 화창한 봄 날씨를 온몸으로 느껴가며 산골마을을 찾아가던 그 흥겨운 몸놀림은 가뿐하기까지 했다. 구비구비 도는 길, 완만하게 오르막 산길을 찾아가면서 독일의 유명한 검은 숲 black forest이 생각났다. 헨젤과 그레텔이 길을 잃은 배경이었던 검은 숲. 초록이 너무 짙어 창공에서 바라보면 그 우거진 숲이 검게 보인다 하여 붙여진 검은 숲. 어쩌면 이 마을은 벨기에의 검은 숲이 아닌가 싶었다. 너무 비슷한 느낌과 풍경이 펼쳐지는 숲 길 드라이브 코스였다. 창문을 열면 초록 내음이 들어오고 길게 쭉쭉 뻗은 소나무, 참나무들이 시원스레 펼쳐지고 때마침 하늘은 파랗고 뭉게구름은

사라지는 책들의 운명이
되살아나는 책마을

하얀 것이 마치 연출된 영화의 한 장면 같았다. 로드무비를 보는 기분이랄까? 그러한 싱그러운 숲 속 마을에서 책마을을 대하는 것은 가슴 떨리는 만남이었다.

소 울음소리가 우리를 반겨주었다. 저 멀리 보이는 통나무집(창고처럼 보였지만)을 보자마자 반가운 한달음으로 달려가기에 충분히 매력적인 곳이었다. 여기저기 소똥과 말똥 냄새가 가득하고 간간이 불어오는 봄바람에 살랑이는 옷자락 때문에 우린 잠시 〈초원의 집〉 여주인공들 같은 코스프레를 하고 있었다.

그랬다. 이 산골 책마을에서 어릴 적에 보던 드라마 〈초원의 집〉을 떠올리며 잔잔한 인디 감성에 젖어 있었던 것이다. 서부를 개척하는 그들의 투박하고 진실된 이야기처럼 책마을을 개척하고 일구어내며 가꾸어가는 그들의 부산스럽지만 소란스럽지 않은 삶의 현장은 그 어느 소설책 보다 감명으로 다가오는 풍경이다.

벨기에 흐뒤 마을은 1984년 기자였던 노엘 앙슬로가 창고를 개조한 도서관을 만들면서 시작됐다. 부활절을 책의 축제날로 바꾸려는 열정이 이끌어낸 결과였다. 영국의 헤이온와이를 잇는 제2의 유럽의 책마을을 만들고자 하는 공동의 목표가 수립된 것이다. 전국에서 뜻있는 서점들도 함께 하기 시작하고 마을의 창고들은 서서히 책방으로 변신했다.

부활절의 기적을 믿는 믿음에서였을까? 그들의 마음은 책마을이 부활된 것으로 열매를 맺게 된다. 슬금슬금 사라지는 책방들의 존재, 전자책과 스마트폰을 비롯한 각종 미디어 때문에 시나브로 사라지는 책들의 운명이 다시 되살아나기 시작한 것이다. 그래서 이들에게 부활절에 이루어지는 책마을 축제는 앞으로도 마을지킴이 같은 의미로 다가갈 것이다.

벨기에의 흐뒤 책마을은 1984년 기자였던 노엘 앙슬로가 창고를 개조한 도서관을 만들면서 시작됐다.

예쁜 집이 통째로 서점인 곳도 있고 정말 창고 같은 곳에 책이 가득 쌓여 있는 곳도 있다.

알음알음 흐뒤에 대한 소문을 듣고 찾아 나선 여정은 어여쁜 숲 속 작은집 또는 깊은 산속 옹달샘을 찾아가는 것과 같았다. 어떻게 이런 곳에 책마을이 존재할까? 이런 호기심과 설렘 가득한 질문을 하면서. 예쁜 집이 통째로 서점인 곳도 있고 정말 창고 같은 창고에 책이 가득 쌓여 있는 곳도 있었다. 자그마한 둔덕 같은 오르막길을 오르며 다채로운 서점을 구경하는 것은 별미였다.

멀리서 벨기에식 길거리 음식을 만들어서 파는 곳들이 보인다. 소시지를 굽는 아저씨들은 바쁘고 각종 사탕과 와플을 만들어 파는 아가씨도 분주했다. 모처럼 시골장터에 사람들이 북적거리듯 레스토랑에는 책마을 축제에 참여하여 담소를 즐기는 이들로 가득 찼다. 서점 주인들은 방문하는 이들을 반갑게 맞이하고 때로는 같이 기념사진도 찍었다. 아무래도 동양인이 눈에 뜨이니까 말이다. 다락방 같은 곳을 돌아다니고 미로 같은 창고 서점을 구경하고 네덜란드어 책을 보면 반가워하고.

길 따라 돌다보니 아트섹션이 보여 들어갔는데 그 안에서 캘리그라피 프로그램이 진행되고 있었다. 아트공방 과정을 지켜보는 것도 꽤 흥미로웠다. 또 다른 공방에 들어가 보니 종이 만드는 과정을 보여주는 프로그램이 있었다. 우리나라 한지와 거의 흡사하다. 목화꽃, 목화솜, 종이를 만드는 틀과 커다란 대야를 보니 여기가 벨기에가 아니

사라지는 책들의 운명이
되살아나는 책마을

공방에서는 종이 만드는 과정을 직접 보여주고 체험을 할 수 있다.

라 우리나라 전통 한지를 만드는 곳 같았다. 종이 장인이 우리 아이들을 불러서 직접 종이 만드는 과정에 참여할 수 있도록 배려해주었다.

요란한 음악소리나 여기저기 남발한 포스터와 현수막이 없어서 좋았다. 책마을의 일상을 엿보는 듯한 편안한 풍경에 장터 풍경이 더해진 것이다. 책을 펼치는 부스가 있고 곳곳에 먹거리를 파는 사람들이 있는 정도였다. 마을 입구에 책마을 축제를 알리는 포스터와 안내판이 있는 정도다. 물론 매년 8월에는 아주 큰 축제가 열린다고 한다. 밤새도록 이어지는 각종 축제 프로그램이 있다. 연극, 공연, 시낭송, 저자와의 대화, 퍼레이드 등 어른 아이 모두 흥겨워할 만한 볼거리 즐길거리들이 축제기간 내내 이루어진다.

책마을을 만들고 지켜내고 가꾸어 가는 사람들은 참 대단하다. 때로는 수지가 맞지 않아 서점을 닫는 경우도 있다고 한다. 다른 직업을 가지고 서점 운영을 병행하기도 한다. 전 세계적으로 서점들

책마을을 만들고 지켜내고 가꾸어 가는 사람들은 참 대단하다.
때로는 수지가 맞지 않아 서점을 닫는 경우도 있다고 한다.

사라지는 책들의 운명이
되살아나는 책마을

책마을을 찾아오는 이들은 어제 만나서 웃고 떠들던 일상을 공유하는 이웃들이다.

이 문을 닫는 추세를 떠올려보면 그리 이상한 현상은 아니다. 그 가운데 사라져 가는 책들을 모아 새로운 생명을 불어넣는 헌책방 마을을 지키는 이들도 참 대단하고 소중하다.

그러나 실제로 이 마을을 유지할 수 있도록 만들어가는 또 다른 축이 있다. 그들은 바로 책마을 흐뒤를 찾아오는 사람들이다. 동네 사람들은 물론이고 이웃 마을 사람들까지 소문을 듣고 찾아온다. 이웃 나라 사람들까지. 더 나아가서 책을 사랑하는 사람들은 아주 먼 곳에서부터 찾아 온다. 그러나 대부분은 동네 사람들이고, 이웃이다. 그들은 삶의 궤를 같이 하고 있는 이들이다. 함께 호흡하고 함께 소통하는 사람들이다. 유럽의 마을들은 우리나라의 옛 전통인 품앗이나 두레와 같은 그런 조직과 풍습이 남아있고 잘 보존되어 있는 경우가 많다.

실제 내가 살고 있는 네덜란드 시골 동네에도 그러한 이웃사촌이 얼마나 많은지 모른다. 마을에 축제가 열리면 모든 마을 사람들이 어떤 형태로든 참여한다. 행사를 준비하든 공연을 하든 관람객이든 그 어떤 역할이든 각자에게 허락된 자유 안에서 선택하여 자발적으로 그 행사를 이루어낸다. 마을의 자치가 잘 이루어지고 있다. 그 안에 공동체 의식이 살아있는 것이다.

이 책마을 역시 그러하다. 책마을을 찾아오는 이들은 어느 별나라에서 온 이상한 사람들이 아니다. 어제 만나서 웃고 떠들던 일상을 공유하는 이웃들이다. 할아버지, 할머니 손을 잡고 오는 아이들. 엄마 아빠가 유모차를 이끌고 아이에게 줄 그림책을 찾는 젊은 부모들. 젊은이들은 행사를 안내한다. 할아버지는 자기 어렸을 적에 이 책마을을 드나들었던 추억 이야기를 영웅담처럼 들려준다. 엄마는 직접 아이와 함께 서점 곳곳을 돌아보며 책을 고르는 법을 알려준다. 그들에게 책마을은 공존의 이유이다.

그 발걸음은 멀리 사는 이웃동네 이웃나라까지 연결되었을 뿐이다. 여기에서 연대가 이루어진다. 이렇게 깊은 산골에 있는 책마을을 하릴없이 그냥 찾아오지 않는다는 것이다. 모두 다 책을 사랑하고 아끼는 마음이 있어서만 오는 것이 아니라 그 마을에 대한 애정, 그 마을에 사는 사람에 대한 정붙이로 오는 것이다.

그들에게 우리는 낯선 이방 나라 이방인이었기에 어떻게 이곳까지 왔느냐고 묻는다. 자기들은 쭉 여기서 살았고 마을의 중요한 일

흐뒤 사람들에게 책마을은 공존의 이유이다.

이니 함께 한다는 것이다. 우리처럼 네덜란드에서 온 네덜란드 사람도 있었다. 우리가 집으로 돌아 갈 때 길을 헤매는 것을 보고 도와주면서 네덜란드에서 왔다고 하니까 반가워했다.

덕분에 산 속에서 길을 잃지 않고 집으로 가는 길을 향할 수 있었다. 설령 길을 잃는다 한들 어떠하랴? 그래 봐야 숲 속 책마을인데. 책 속에 길이 있으니 책 한 권 끼고 다시 돌면 그만이다. 그 여정에서 만난 한 사람 한 사람에게 책의 향기를 맡으면 다시 길을 찾을 수 있을 것이다.

모처럼 따뜻하고 포근했던 봄날이었다. 부활절을 앞둔 짧은 방학에 이런 샘터 같은 곳에서 하루를 보낼 수 있음이 더없이 좋은 시간이었다. 책 구경도 하고 소시지도 먹고 놀이터에서 놀고 종이 만드는 경험도 하고 처음 해보는 경험이라 아주 신기해하며 좋아한 모습이 인상적이었다. 책의 날 행사를 앞당겨서 한 것인데, 실제로 책의 날은 다음 날이었다. 그때를 떠올리는 것도 우리만의 비망록을 들추는 기분이다.

〈초원의 집〉 드라마는 대본도 훌륭했지만 배우들의 연기도 훌륭했다. 그 시대의 명품 드라마였다. 그런데 그 드라마를 사랑해주는 시청자가 없었다면 과연 그 드라마는 사람들 속에 좋은 드라마라고 깊이 각인이 되었을까? 명품 드라마 속에는 그 드라마를 사랑해주는 시청자들이 있기에 존속 가능한 것이다.

우리가 갔던 〈초원의 집〉을 닮은 책마을 흐뒈도 책마을을 가꾸어 가는 서점 주인들만의 노력으로 이루어졌을까? 그 마을을, 그 마을 사람을, 그리고 책을 찾는 사람들이 있어야 그 마을이 사라지지 않을 것이다. 아무리 멋진 초원이 펼쳐져 있고 근사한 통나무집이 있어도 그곳을 누비고 다니는 천진난만한 아이들이 없다면 초원은 사막으로 변할 것이다. 통나무집은 어느새 폐허가 되어버릴 것이다.

우리가 함께 갔던 그 마을이 계속 아름다운 책마을로 남아있어서 나중에 우리 아이들이 엄마가 되었을 때 그 아이들과 함께 추억을 이야기해주고 공감하는 시간이 머나먼 미래에 존재한다면! 책마을을 지키는 사람들과 책마을을 찾아가 함께 지켜주는 사람들이 공존과 공생의 즐거움을 노래한다면! 이것이야말로 우리가 꿈꾸는 책들의 도시가 될 것이다.

2장
브뤼셀의 정말 예쁜 서점들의 매력에 푹 빠져보실래요?

벨기에는 전통적으로 만화 강국이다. 우리가 너무 잘 아는 '스머프'와 '틴틴'의 고향이 벨기에다. 벨기에는 만화박물관까지 만들면서 문화산업으로서의 만화를 육성하고 있다. 만화책은 도서관과 서점에서 중요한 위치를 차지하고 있다. 벨기에의 출판문화를 만화책이 주도하고 있다고 보아도 무방하다. 벨기에의 수도 브뤼셀에는 만화 주인공이 살 것 같은 동화나라 궁전을 닮은 아기자기하고 아름다운 서점들이 곳곳에 있다.

유럽의 아름다운 명문 서점 트로피슴 Tropismes libraries

라이너 모리츠의 저서 《유럽의 명문 서점》에 소개되어 명성을 얻게 된 브뤼셀 Brussel의 서점 트로피슴 Tropismes libraries은 유럽에서 가장 아름다운 광장이란 별칭을 가진 그랑플라스 근처에 있다. 마침 우리가 방문한 때는 연말이라 거리에는 관광객들이 여기저기 흥겹

브뤼셀의 정말 예쁜
서점들의 매력에
푹 빠져보실래요?

게 다녔었다. 어쩌면 폭풍 속의 고요함을 즐기는 이들의 모험 가득한 여행이라고 표현하면 맞을까? 파리 테러 이후 벨기에는 테러 예상 위험 1순위였고 브뤼셀은 가장 긴장도가 높은 지역이었다.

폭풍의 눈 속으로 들어간 나들이, 한마디로 우리는 간 큰 여행을 한 것이다. 나와 네 명의 딸, 무려 여자 다섯 명이서 말이다. 크리스마스 연휴를 맞아 의미 있는 곳에 가고 싶어서 간 곳이 하필이면 테러 위험 다발 지역이라니.

떠날 때만 해도 즐거웠는데 막상 브뤼셀에 도착하고 나니 여기저기 무장경찰들이 시찰하고 다녀서 그제야 테러에 대한 인식을 하게 되었다. 덕분에 무장경찰의 호위를 받아가며 안전하게 브뤼셀

트로피슴은 유럽에서 가장 아름다운 광장이라는 별칭을 가진 그랑플라스 근처에 있다.

치열한 상업지에서 홀로 우뚝 서 있는 듯한 서점의 존립은
책 향기를 찾아 헤매는 이방인의 마음을 달래주고도 남았다.

시내를 돌아다니며 그랑플라스 광장에서 비둘기와 함께 놀던 아이들의 천진함에 내심 안도하기도 했다.

그랑플라스에서 먹자골목을 끼고돌다 커다란 쇼핑몰 같은 곳에 들어가면 트로피슴 간판이 보인다. 브뤼셀 시민들이 보기에도 우리들의 모습이 어리버리한 길치들이었는지, 아니면 이미 이 지역에서 명소로 소문났기에 필시 저 서점으로 가려는 사람일 것이라는 분명한 추측 때문인지 묻지도 않았는데 서점의 위치를 친절하게 알려준다.

고급스러운 쇼핑몰 한가운데 엇박자처럼 보이는 서점이다. 주변에는 근사한 카페가 있었고 장식품을 파는 예쁜 가게들이 있었고 조금만 나서면 벨기에의 명물이라 불리는 초콜릿과 홍합과 맥주와 와플을 파는 크고 작은 음식점들이 모여 있다. 그 치열한 상업지에서 홀로 우뚝 서 있는 듯한 서점의 존립은 책 향기를 찾아 헤매는 이방인의 마음을 달래주고도 남았다. 그렇게 찾아간 서점과의 만

브뤼셀의 정말 예쁜
서점들의 매력에
푹 빠져보실래요?

책을 담은 공간은 황금빛으로 빛나고 있었다.
서점 현관문을 열고 들어서자마자 보이는 벽면은 우리가 들어왔던 문 쪽 면이 반사된 거울 속 모습이다.

트로피슴 서점 내부

브뤼셀의 정말 예쁜
서점들의 매력에
푹 빠져보실래요?

남은 몇 해 동안 헤어졌다가 다시 만나는 오랜 고향 친구 같이 포근함으로 다가왔다.

책을 담은 공간은 황금빛으로 빛나고 있었다. 서점 현관문을 열고 들어서자마자 보이는 벽면은 우리가 들어왔던 문 쪽 면이 반사된 거울 속 모습이다. 중세 시대 목조 건물의 지붕과 처마를 보는 것 같은 세월의 중후함과 에나멜처럼 반짝이는 거울 빛과의 조화는 옛것과 새것의 어울림이 아니던가.

2층으로 올라가는 계단조차도 숙성된 시간의 멋을 풍기고 있었다. 2층에는 그림책, 어린이책, 만화책들이 가득했다. 천정에는 아이들이 좋아할 만한 인형과 페이퍼 아트 작품들이 디자인 되어 있었다. 자그마한 소파 위에는 아이들과 엄마들이 기분 좋게 책을 읽고 있었다.

아이들도 덩달아 그 소파 위에서 마음에 드는 책을 골라 읽는다. 벨기에는 네덜란드어와 프랑스어를 동시에 사용하기에 두 언어로 된 책들이 나란히 진열되어 있다. 2층에서 바라본 서점의 전체

2층에는 그림책, 어린이책, 만화책들이 가득했다.

천정에는 아이들이 좋아할 만한 인형과 아트 작품들이 디자인 되어 있다.

모습은 아름답다 못해 이곳은 어디 궁전 아닌가 싶었다.

벽면 거울을 보아하니 무도회장이 어울리지 않을까 싶었는데, 실제로 트로피슴 서점은 무도회장이었다. 이 서점에서 느낀 아늑함은 황금빛에서 뿜어져 나오는 안락함 때문만은 아닐 듯 싶다. 여기가 도서관인지 서점인지 잘 모를 정도로 책 읽기에만 몰두하고 있어도 편안한 분위기를 지켜주는 서점 아저씨의 너그러움도 고맙다. 모든 것을 소유한 넉넉한 마음의 궁전지기에서 풍겨 나오는 여유로움이다.

산전수전의 세월을 품고 천 년의 아름다움을 간직한 고도에서 편안함이 느껴진다. 지금이라는 시간과 공간에서 묵직하게 드러나는 옛 것의 정취와 관록을 다 느끼기에는 이내 인생이 너무 짧다.

브뤼셀의 정말 예쁜
서점들의 매력에
푹 빠져보실래요?

진정 어린이를 위한 책 놀이방 르 울프 Le wolf

그랑플라스 사방팔방으로 펼쳐진 골목을 구경하면서 어린이책 전문 서점을 찾아다녔다. 르 울프 Le Wolf 서점은 홈페이지를 통해 대략적인 특징과 내용을 확인하다가 이 서점이 얼마나 아이들을 위한 곳인지 알게 된 곳이라 내심 기대가 컸다. 하지만 주소 하나 달랑 들고 여기저기 찾아다닌 것은 무리였나 보다. 이러다가 그랑플라스 광장 지리를 다 파악하고 외우게 생겼다. 사람들은 구글맵을 사용하여 쉽게 길을 찾지만, 나는 스마트폰이 없는 관계로 오직 미리 준비한 지도와 주소만 가지고 찾아다녔는데 이것도 돌이켜 보니 애틋한 추억이다.

나는 여전히 아날로그적 생활방식으로 살아가는 사람 같다. 인터넷 서점보다 오래된 서점이 좋고 최첨단 기기보다 쓰던 기기가 익숙한 사람이다. 가끔 피처폰을 들고 통화하는 나를 골동품 보듯 쳐다보는 사람들의 시선도 이젠 아무렇지도 않다.

역시나 테러를 방지하기 위해 곳곳에 위치한 경찰들이 우리들이 다음으로 갈 목적지를 친절하게 알려주었다. 겨울이었지만 길 찾기에 체력을 다 소모한 관계로 갈증을 느꼈던 터라 서점을 발견하자마자 물부터 찾았다. 당연히 이곳을 목마름과 지적 갈망을 동시에 해결해 준 고마운 서점으로 기억하고 있다.

르 울프는 아이들을 위한 서점이기에 인테리어조차 아이들 눈높이로 꾸며졌다. 언제든지 아이들이 놀러 와서 책을 보고 살 수 있도록 키즈카페처럼 꾸며진 공간이었다. 2유로의 이용료를 내면

르 올프는 아이들을 위한 서점이기에 인테리어조차 아이들 눈높이로 꾸며 있다.

브뤼셀의 정말 예쁜
서점들의 매력에
푹 빠져보실래요?

책 테마파크처럼 꾸며진 동화나라에서 즐길 거리가 많기에 여기서 책만 보는 것은 아주 사소한 활동이다.

숲 속 작은 집 오두막 같은 곳주크박스에 들어가 영상으로 책을 읽을 수 있다. 한 번 들어가 볼까 했는데 누군가가 먼저 이용하고 있어서 아쉽지만 다음 기회라는 하릴없는 다짐만 했다. 대신 그림책 하나하나 살피며 네덜란드에서 보던 책과 비교도 하고 이곳에서만 볼 수 있는 책을 발견하며 호들갑을 떨기도 했다. 이렇게 알차고 흥미로운 서점에는 책을 읽어주는 프로그램이 있다.

2층에는 그날의 행사가 진행된다고 책방 주인아주머니께서 친절하게 알려주신다. 이 서점의 회원인 경우 2층 이벤트 홀에서 동화 구연 내지 애니메이션 감상 같은 행사에 참여할 수 있다고 한다. 정기적으로 북콘서트도 하고 전시도 하고 그러는 모양이다. 아이들의 생일파티도 이곳에서 할 수 있을 만큼 별도의 훌륭한 공간이 있었다. 책 테마파크처럼 꾸며진 동화나라에서 즐길거리가 많기에 여기서 책만 보는 것은 아주 사소한 활동이 될 것이다.

일러스트도 배우고 컬러링은 물론이며 아마도 캘리그라피도 배울 것 같다. 보기에는 작은 서점이지만 구석구석 알차게 꾸며져 있고 지하와 2층에까지 여러 목적으로 쓰이는 공간들이 다채롭다. 아이들이 충분히 행복할 수 있는 자유의 꿈터이다. 더군다나 5곳의 정부의 지원을 받는 서점이라 하니 국가 차원에서 어린이 책에 대한 관심과 정책이 부럽다. 책방 주인아주머니가 실로 행복한 것이 진심으로 느껴진다.

정말 신나는 서점 여행, 책방 여행이었다. 책을 가지고 노는 책을 좋아하여 읽는 책을 구경하고 책을 아끼는 또 다른 사람들을 만나는 여행이어서.

보기에는 작은 서점이지만 구석구석 알차게 꾸며져 있다.

르 올프 서점은 5곳의 정부의 지원을 받는다고 하니 국가 차원에서 어린이책에 대한 관심과 정책이 부럽다.

브뤼셀의 정말 예쁜
서점들의 매력에
푹 빠져보실래요?

3장
맛있는 서점 쿡앤북
세상에서 가장

천정에 매달린 책들의 유혹

"책 덮고 이젠 밥 먹어라."
"책 보고 싶으면 빨리 밥 먹고 저쪽 가서 봐."
아이들과 식탁에서 늘 주고받는 대화다. 특히 첫째가 그러하니 요새는 줄줄이 동생들이 따라 한다. 나 또한 어릴 적 시절을 떠올려보면 그랬던 것 같다. 책 보는 것을 멈출 수 없어서 먹으면서도 책을 보았다. 시험기간에는 아예 공부할 책을 펴놓고 먹기도 했었다. 아이들의 성장 과정에서 자연스럽게 볼 수 있는 모습이려니 하면서도 엄마 입장에서는 먹는 것과 보는 것을 따로 행동했으면 하는 바람도 생긴다. 그런데 먹는 것과 보는 것을 같이하는 것이 진정 자연스러운 인간의 욕망 아니었을까? 이러한 생각이 어쩌면 사람들의 보편적인 생각이자 습성이 아니었나 싶다.

9가지 테마를 가진 건물들이 능선처럼 이어져서 거대한 책 테마파크에 온 듯하다.

쿡앤북Cook&Book 서점 천정에 매달린 800여 권의 책이 날갯짓을 하는 풍경이 펼쳐진다. 데보라 드라이온Debora Drion은 어린 시절부터 레스토랑과 서점을 한 공간에 마련하여 운영하는 것이 꿈이었다고 한다. 그 꿈을 펼치기 위해 남편과 함께 모든 자금을 모아 브뤼셀Brussel 외곽에 쿡앤북 서점을 만들었다. 데보라 드라이온의 남편은 전직 변호사였는데 서점을 운영하기 위해 변호사를 그만 두었다고 한다. 어린 시절의 꿈이 그대로 현실이 되었다고 단순하게 말하기에는 부족하다. 그동안의 숨은 노력과 이 꿈을 지지해주는 사회적 분위기와 주변 사람들의 인식 그리고 본인의 가치관과 새로운 시대를 펼칠 수 있도록 기능적 역할을 하는 가치관이 진심으로 부러울 뿐이다.

벨기에는 만화강국이라 불린다. 그만큼 만화에 대한 애착과 자부심이 넘쳐나는 국민들이 대다수이다. 만화박물관과 만화 전문서점이 있고 도서관에는 만화 전문 코너가 있다. 벨기에 국민뿐만 아

쿡앤북 내부

세상에서 가장
맛있는 서점 쿡앤북

팔색조 같은 공간은 책 놀이터에 왔다고 할 정도다.

니라 전 세계적으로 사랑받는 캐릭터인 스머프과 틴틴이 여전히 살아있는 나라다. 문화강국의 면모를 과시하고 싶은 국가의 정책적인 후원도 무시 못한다. 어린이 그림책 역시 만화책이 많다. 양질의 만화책이 어린이를 위한 권장도서로 정해져 있으며 수많은 그림책 작가들의 훌륭한 작품들이 여기저기 널려있는 곳이 벨기에이다. 그런 분위기 속에 자란 이들에게 기존의 밋밋하고 건조한 배열로 책을 판매하는 서점은 그다지 매력적이지 않았을 것이다. 개성을 중시하는 유럽인들의 심성이 이곳에서도 고스란히 드러난다. 각자의 개성과 생각을 현실화시킬 공간을 세련된 디자인 감각으로 만들어내는 사람들이기 때문이다.

그래서였을까? 9가지 테마를 가진 건물들이 능선처럼 이어진 건

이름도 너무나 맛깔스러운 쿡앤북 cook & book

천정에 매달린 책들의 날갯짓에 탄성을 질렀다.(위)
영어서적 코너는 아예 영국을 통째로 옮겨 놓은 것 같다.(아래)

물이었으니 그 자체로 거대한 책 테마파크에 왔다는 기분을 느낄 수 있다. 이름도 너무나 맛깔스러운 쿡앤북cook & book!

아이들에게 쿡앤북에 가자고 이야기했을 때 첫째부터 막내까지

이곳에서 먹고 마시며 책을 읽는다는 것 자체가 기막힌 휴가 아닌가!

모두 흥분하였다. 서점과 카페, 레스토랑이 동시에 있는 서점이고 가끔 요리 이벤트도 한다고 소개했다. 그런데 아이들은 모두 쿠킹 스튜디오라고 생각하며 일 년 내내 요리하는 것을 보고 맛보고 책도 보는 맛동산으로 기대를 한 것 같다. 엄마인 내가 설명을 잘 못한 것인지 아이들이 이해하고 싶은 대로 이해한 것인지 잘 모르겠다. 처음에는 다소 실망스러운 표정을 지었으나 각 섹션별로 차별화를 두어 책을 배치한 레스토랑을 보며 아이들은 이내 곧 함성을 질렀다. 그림책이나 잡지에서나 볼 수 있는 책을 품은 풍경이 아름답게 펼쳐져 있었으니 말이다. 팔색조 같은 공간은 서점에 온 것이 아니라 책놀이터에 왔다고 느낄 정도다.

처음 들어간 책방에서 새장에 들어왔나 라고 착각할 정도의 놀

지식욕과 식욕은 한뿌리에서 나온 것이라고 전제하고 있는 공간이다.

라운 광경을 보고 말았다. 천정에 가득 매달린 책들의 날갯짓에 탄성을 질러댔다. 예약 손님들을 맞이할 준비하느라 바쁜 직원들 속에서 우리는 매달린 책들을 구경하고 책꽂이 사이사이에 놓인 탁자들을 보며 흥겨워하였다.

영어서적 코너는 아예 영국을 통째로 옮겨 놓은 데코였다. 와인바가 있는 곳에는 음악을 즐길 수 있는 피아노와 CD가 놓여 있다. 어린이 책 코너에는 슈퍼맨과 배트맨이 반겨주고 수많은 만화 주인공들이 줄줄이 환대해주기도 했다.

이런 곳에서 먹고 마시며 책을 읽는다는 것 자체가 기막힌 휴가 아닌가! 몸과 마음의 양식으로 가장 현명한 장소가 아니던가! 쿡앤북은 사람들의 보편적인 욕구를 창의적인 발상으로 구현해 낸 곳이다. 흔히 볼 수 있는 대형서점 한 구석 또는 한 층에 마련된 카페테리아가 부설되어 있는 것이 아니다. 아예 처음부터 먹는 것과 읽는 것을 동시에 이룰 수 있는 공간으로 재탄생시켰다.

지식욕과 식욕은 한뿌리에서 나온 것이라고 아예 전제하고 있는 공간이다. 어차피 지식욕과 식욕은 글자 하나 덧붙임 차이일 뿐. 흔히 사람들이 우스갯소리로 하는 말들이 있다. '아는 것이 많으면 먹고 싶은 것이 많다'. 정설로 확인되지 않은 말이지만 사람들 사이에서 심심찮게 주고받는 문장이다. 이는 사람들의 숨겨진 욕망을 표현한 말이기에 쉽게 공감하는 말이자 자연스럽게 내뱉는 말이다. 그러하기에 이 서점을 기획한 이는 정말 영리한 서점 주인이라고 볼 수밖에 없다.

쿡앤북을 동화적으로 표현한 공간도 독특하다.

우리 아이들이 모두 즐겨 읽었던 《책 먹는 여우》. 책에서도 책을 읽는 것을 먹는 것으로 비유하고 표현한다. 먹는 것은 우리들의 생명 유지에 필수적인 행동이다. 읽는 것은 우리들의 지적 성장을 위한 비타민 같은 행위이다. 지식知識과 음식飮食을 동시에 얻을 수 있는 이 곳. 뜻은 다르지만 같은 음을 가진 '식'자에 대한 개념을 동화적으로 표현한 이 곳. 쿡앤북에는 아이들을 위한 공간도 마련해 놓았다.

얼마나 아이들이 기특했는지 모른다. 쿡앤북에서 원래 목적대로 먹고 책 보고 그랬어야 했는데 책만 보고 눈만 배불려 준 무심한 엄마를 그래도 이해해주니 말이다. 이 멋진 서점을 눈으로만 즐기게 해서 미안한 마음을 이미 아이들은 헤아리고 있었다. 선뜻 먹기에 부담스러운 가격이었지만. 배를 불리지 않았어도 좋은 책과 멋진 곳을 구경시켜 주셔서 고맙다고 인사하는 아이들에게 엄마는 사랑의 빚을 진 것 같다.

책을 가지고 놀고
책을 좋아하고 읽고
책을 구경하고
책을 아끼는 또 다른 사람들을 만나는 여행이어서.
그. 러. 나.
엄마는 너희들의 아름다운 마음 가득 담긴 책 한 권을 소유하게 되어 진심 행복한 서점 여행이었다.

4장
푸른 수레국화가 그려져 있는
책방 르 블뤼에

라벤더향기 같은 장 지오노의 소설 이야기와
김화영 선생의 《여름의 묘약》을 읽으며

'엘제아르 부피에는 1947년 바농 요양원에서 평화롭게 눈을 감았다.'

장 지오노의 소설 《나무를 심은 사람》의 마지막 문장이다. 그렇게 내게 다가 온 프로방스 지역의 자그마한 라벤더 마을 바농^{Banon}에 대한 첫인상은 따사로운 햇살 아래 빛이 살짝 바랜 연보랏빛이었다.

이 고장의 진정한 아름다움은,
빛과 그늘의 반점 사이로 미풍처럼 흔들리다가
고이고 고였다가는 흐르는

푸른 수레국화가 그려져 있는
책방 르 블뤼에

우리들 저마다의 삶의 순간과 순간이다.

그 위에 내려앉는 짧은 여름빛.
그 덧없음이 바로 우리가 행복이라고 부르는 그것이 아닐까.
나비의 날개처럼 가늘게 떨리는 그 빛 위에
마음을 고즈넉하게 부어놓고 가만히 들여다보다.
그리고 이 세상에 살아 있음을 기뻐하라

- 김화영, 《여름의 묘약》 중에서 -

장 지오노의 소설 《나무를 심은 사람》의 화자인 '나'가 여행한 곳은 알프스 산맥이 프로방스 지방으로 뻗어 내린 아주 오래된 산악 지대였다. 바스발프 지방의 북부 전부와 드롬 강의 남쪽 및 보클뤼즈 지방의 일부 작은 지역에 걸쳐 있던 황무지 지역을 도보로 여행하는 그 여정이 어딘가 모르게 실제 바농 마을을 찾아가는 길과 겹쳐 있었다.

오르락내리락 구불구불한 산길을 조심스럽게 차를 몰고 가는 길은 무척이나 긴장해야 하는 시골 산길이었다. 나타났다 사라졌다, 숨쉬기 힘들 만큼의 더위를 감싸고 있는 허허벌판을 지나치면서 어떤 느낌을 분명하게 가지게 된다. 이미 마음속에는 이 마을이 소설 속 마을과 별반 다르지 않다는 문학적 상상으로 가득 차 있는 곳이 되어버렸다.

프로방스 지역의 자그마한 라벤더 마을인 바농에 대한 첫인상은 따사로운 햇살 아래 빛이 살짝 바랜 연보랏빛이었다.

푸른 수레국화가 그려져 있는
책방 르 블뤼에

사방팔방에 펼쳐진 싱싱한 자연의 빛이 투영되어 무성하게 자란 라벤더 밭은 그 옛날 엘제아르 부피에가 심어 놓았을 것 같은 라벤더 밭이었을 것 같고, 저 나무들은 그때 심어 놓은 나무들이 장성하여 숲을 이룬 것 같다. 그래서였을까? 절로 감정이입이 된다. 이곳에 나무를 심는다는 것은 정말 힘들었겠다. 올리브나무나 겨우 살아남을만한 작렬한 태양 볕 아래 야생 라벤더만이 온몸으로 태양빛을 머금고 있으니 말이다. 간간이 보이는 밀밭도 한몫을 하고 있기는 하다. 근사한 원경을 만들어내는 푸른 숲을 바라보기까지 마주해야 하는 눈앞 현실은 먼지 자욱한 흙바닥 시골길, 화상 입은 듯 말라 비틀어진 수풀길을 지나고 산등성이에 난 길을 따라 가면 자갈돌이 박힌 바닥이 나타난다. 종종 붉은 기운이 감도는 암석들이 쪼개져서 이루어진 흔적이 남은 동네길이다. 그럼에도 아름답다고 느껴지는 이유는 마을이 품고 있는 본연의 아름다움과 우뚝 서 있는 성채 마을의 울림이었을 것이리라.

나무를 심은 사람은 소설 속에만 존재하지 않았을 것 같다. 엘제아르 부피에가 아들과 아내를 잃고 난 후 외로움과 고독의 세계를 뚫고 나와서 나무를 심기 시작하여 제2차 세계대전까지 치르면서도 사막 같던 그 마을을 우거진 숲 속 마을로 만들기까지 겪은 감동적인 이야기는 다른 색깔로 이곳에서도 펼쳐지고 있다. 분명 저 마을이 만들어지기까지 그 나무를 심는 노력이 더해지지 않았더라면 지금처럼 아름다운 프로방스 색채를 띠고 있지 못했으리라. 소설 속 가상의 마을이지만 바농 마을과 너무 닮았다. 소설은 현실의

르 블뤼에는 프로방스 시골마음임에도 불구하고 프랑스 독립서점 7위를 차지하는 꽤나 저력 있는 서점이다.
《프로방스에서의 1년》을 쓴 저자 피터 메일이 좋아했다는 서점이다.

푸른 수레국화가 그려져 있는
책방 르 블뤼에

반영이거나 현실을 소설 속에 녹여낸 것이라고 전제한다면 더욱 그러하다.

바농에 더 소설 같은 책방이 있다. 낯설지만 어여쁜 꽃 이름인 푸른 수레국화가 그려져 있는 서점의 이름은 '르 블뤼에 Le Bleuet'. 책을 좋아하는 사람이라면 알 수도 있는 서점이다. 프로방스 시골마을임에도 불구하고 프랑스의 독립서점 7순위를 차지하는 꽤나 저력 있는 서점이다. 《프로방스에서의 1년》을 쓴 저자 피터 메일이 좋아했다는 서점이다.

《나무를 심는 사람》의 주인공 엘제아르 부피에가 아내와 자식을 잃은 상실감을 극복하는 과정에서 나무를 심는 것으로 시작했다면, '르 블뤼에'에서도 비슷한 기승전결이 펼쳐진다. 르 블뤼에 서점의 맨 처음 주인이었던 조엘 가트포세 역시 인쇄소를 운영하던 아버지가 돌아가시고 이어 어머니까지 저 세상으로 가신 후 햇살 넘치는 이 작은 마을에 들어와 살게 된다.

그러다가 낡은 헌책방을 인수한 후 부모님을 보내고 난 후의 허한 마음을 책으로 채워가며 새로운 희망을 만들어간다. 날마다 서점에 찾아오는 아리따운 아가씨와 결혼까지 한 서점 주인은 곧 서점을 본격적으로 운영하는 일에 열심을 낸다. 지극히 낭만적이고 감동적으로 들리는 사연 하나가 추가된다. 이제 르 블뤼에 서점은 자그마한 마을의 흥미 있는 문화공간이라는 모양새를 덧붙이게 된다. 동네 사랑방으로 잘 성장했을 것이다. 서점이 성장하면서 규모를 늘려가는 과정에 옆 건물을 매입하고 그러면서 집 세 채가 이어져 거대한 서점으로 변모되는 것은 당연했다. 문화를 중시하는 그들에게 르 블뤼에 서점은 새로운 이정표가 되고 알음알음 소문이 나서 제법 규모가 갖추어지고 11만 권에 이르는 다양하고 많은 책들을 팔면서 그 명성이 쌓여 간다. 게다가 작은 출판사의 책들까지도 판매하고 전문가들을 동원하여 특별하게 책을 전시했다는 입소문이 돌면서 이 서점에 대한 프랑스인의 사랑은 점점 깊어졌다.

하지만 나의 감성은 여행자와 유럽 현지인의 감성이 마구잡이처럼 혼합되어 있다. 여행자들이 집 세 채를 이어 만든 독특한 서점(사실 유럽에는 앞, 뒤, 옆 건물들을 이어 꾸며놓은 상가들이 꽤 많다)을 보고 신기하게 바라볼 무렵 난 다르게 보기 시작한다.

"저 건물주는 경영난에 힘들었겠구나."
"집 관리 비용이 부담스러웠겠다."

아니나 다를까. 르 블뤼에 서점의 지나 온 이야기를 들추어보니 화려한 명성에도 불구하고 경영난때문에 크라우딩 펀딩을 하기도 했다. 책을 읽지 않고 책을 사지 않는 사람들이 점점 늘어나고 있는 현실을 서점 주인 혼자서 온몸으로 막아내기에는 역부족이었을 것이다.

사는 게 다 그렇지 뭐! 이 한마디 내뱉기에는 인생 속에는 너무 야속한 부분이 많다. 정호승 시인의 '인생은 나에게 술 한 잔 사주

서점을 고요하고 낭만적으로 운영한다는 것은 눈물겨운 이야기다.

지 않았다'라는 시의 한 구절을 암송하듯 혼잣말을 하며 쓰디쓴 인생을 대면해야 하는 시간들이 얼마나 많겠는가.

그래서 더 마음속에 담아두는 서점이 되어버렸을지도 모른다. 우리네 인생과 닮아서 공감대가 형성되는 반가움 때문에라도. 그럼에도 불구하고 지금 르 블뤼에 서점이 마을의 이정표가 되도록 안간힘을 쓰는 정성때문에, 공감하고 싶은 따뜻한 이야기와 잔인하리만치 차가운 생존과 현실을 그대로 부둥켜안고 있는 서점이기에.

고작 인구 천 명 남짓한 마을이라지만 그 정도면 큰 수치다. 산 위에 있는 마을이고 주변이 라벤더밭이라 주민이 많을 리가 없다. 마을 주민들 중에는 꽤나 부유한 부농도 많이 있을 것이다. 게다가 바농 치즈와 와인은 이미 유명세를 탄 지역 특산물이다. 오히려 우리나라 농촌이 더 안타깝게 다가오는 것이 솔직한 심정이다. 지금은 예전같지는 않지만 르 블뤼에 서점을 찾는 프랑스인과 인근 유럽인들은 여전히 존재한다.

휴가를 휴가답게 보내기 위해 치열한 일상을 사는 유럽인들이 남프랑스 프로방스 지방에서 보내는 경우가 의외로 많다. 그들은 휴가를 산다. 작정하고 자기 시간을 확보하는 것이다. '북캉스$^{book+vacance}$'를 즐기는 것이 이후 펼쳐질 매서운 사회생활의 디딤돌이 된다는 것을 알기 때문이다. 아름답지 못한 것을 못 참는 심성을 지켜내는 그 자존심이 펼쳐지는 공간이 프로방스 휴가일지도 모르겠다.

이런 다양성을 가진 그 마을에서 서점을 고요하고 낭만적으로 운영한다는 것은 눈물겨운 이야기이다. 우리가 그곳을 찾았을 때만 해도 정말 한적한 시골의 여느 서점에 지나지 않았다. 해마다 몇 만 명이 오고 하루에 최고 천 권에 육박한 책을 판 적이 있다는 기록을 가지고 있다 해도 그냥 프로방스 분위기를 한껏 자아내는 어여쁜 서점인 것이다.

하지만 자세히 들여다보면 전혀 다른 이야기를 들을 수 있다. 함께 방문했던 나의 아이들, 소중한 친구에게는 동화 같은 추억 하나 쌓은 일이겠지만 이 서점 주인에게는 진지하고 심각한 삶의 이야기이다. 열정과 꿈만으로 지켜나가기 힘든 그 무엇인가를 가지고 있다. 그게 대단해 보이는 것은 단지 책방을 찾는 이에게만 느껴지는 감성일 수도 있겠다.

한 번도 무너지지 않은 철옹성 같은 성보다 전쟁의 폐해를 겪고서도 그 모습 그대로 드러내고 있는 하이델베르크의 성이나 처참히 무너졌지만 남아있는 벽돌을 모아서 다시 세운 드레스덴의 성모교회가 더 가슴 시리도록 아름답게 수놓아지는 이유다.

앞으로도 더 번창하거나 혹은 더 어려운 일에 봉착할지도 모른다. 비교적 책을 사랑하고 문화와 문학을 중시하는 그들이기에 앞날을 어떻게 예측할 수는 없으나 크라우딩 펀딩을 통해서 서점을 지켜가고자 했던 서점 주인과 함께 동참했던 이들의 마음은 살아있을 것이다. 책에 대한 열정과 사랑은 곧 인간에 대한 사랑임을 알고 있는 그들이 살아있는 한, 바라건대 르 블뢰에 서점이 망하지 않고 계속 생존했으면 한다. 엘제아르 부피에가 외로움을 뚫고 스스

르 블뢰에는 화려한 명성에도 불구하고 경영난 때문에 크라우딩 펀딩을 하기도 했다.

푸른 수레국화가 그려져 있는
책방 르 블뢰에

우리 아이들은 라벤더로 가득한 책갈피 하나를 기념으로 사면서 연신 좋아했다.

로 희망이 되어 숲을 만들어 냈듯이 푸른 수레국화가 어엿하게 생명을 유지하여 라벤더 마을의 자랑거리가 되었으면 좋겠다.

   우리 아이들은 아무 걱정 없이 책방을 헤집고 다니며 구경하였다. 프랑스어로 인쇄된 책들은 우리 아이들에게 그림이었으니 나름 즐겁게 시간을 보냈겠다. 어린이책 코너로 가는 동안 장난도 치고 아이들의 귀여운 아지트처럼 마련된 한구석에서 만족할 만큼의 시간을 보냈다. 그리고 라벤더로 가득한 책갈피 하나를 기념으로 사면서 연신 좋아했다. 나는 좋아하는 프랑스 작가의 책을 기웃거리며 책을 들었다 놨다 했다.
   서점에서 나와 길목에서 바로 보이는 '라벤더 길'이라는 표지판을 보고 냅다 달렸다. 그토록 보고 싶어 했던 라벤더 밭을 향하여.

뜨거웠던 지중해 햇살을 비집고 불어대는 살랑바람 속에 이십 년 지기 벗과 거닐었던 프로방스 라벤더 길에서의 보랏빛 추억은 푸른 수레국화 같은 푸르름이 넘치는 싱싱한 여름날의 묘약이었다.

한 해가 지나고 또 한 해가 지나 그렇게 계속 한 해가 지나 슬슬 여름날의 행복감이 퇴색할 무렵, 아껴두었던 추억을 꺼내어 그제야 김화영 선생님의 《여름날의 묘약》을 읽을 것이다. 그리고 나만의 여름날의 묘약을 써내려 갈 것이다. 함께 동행했던 문학을 사랑하고 시를 쓰는 내 친구는 아마도 시인이 되어 시를 쓰고 있을 것이다. 사랑하는 나의 네 딸들은 엄마인 나와 이모라고 불렀던 벗에게 라벤더 향 가득한 편지를 써주면 좋겠다. 더 욕심을 낸다면 다시 그 푸른 수레국화 서점 한 구석에서 글을 쓰고 편지글을 읽고 시를 쓰는 우리만의 문학의 밤을 맞이하고 싶다.

아 참! 중요한 한 가지! 평화롭게 눈을 감고 라벤더 향을 머금은 책장 사이사이를 거닐고 싶다.

푸른 수레국화가 그려져 있는
책방 르 블뤼에

5장
셰익스피어 앤 컴퍼니
그때도 지금도 예술적인 장소

**파리의 셰익스피어 앤 컴퍼니 Shakesphere & company 는
환대가 이루어지는 예술적인 장소**

춥고 비 오는 밤
파리에 온다면
셰익스피어 서점을 찾아요
반가운 곳이죠

그 서점 모토는
다정하고 따뜻하죠
변장한 천사 일지 모르니
낯선 이에게 친절하라

- 셰익스피어 앤 컴퍼니 공식 노래 -

"Be not inhospitable strangers lest they be angels in disguise 낯선 이를 냉대하지 말라 변장한 천사일지도 모르니"

서점에 들어서니 이 문구가 눈에 들어왔다.

이미 너무나도 알려진 파리의 명소. 수많은 문학가들이 거쳐간 곳이라는 명성과 함께 에단 호크와 줄리 델피가 주연한 영화 〈비포선셋〉에서 극 중 인물인 제시와 셀린느의 해후가 이루어진 장소로도 널리 알려진 곳. 그래서인지 문학의 향기와 영화의 낭만이 버무려지고 누구나 한 번쯤은 동경하는 파리의 한복판이라는 후광에 힘입어 언제나 서점 앞에 또 서점 안에는 사람들이 몰려 있고 모여든다.

파리에서는 숨결조차 추억이 되는 마법의 공간같다는 생각을 종종 한다. 그렇다고 파리에서의 모든 기억이 아름답고 신비롭다는 이야기는 결코 아니다. 나에게 파리는 위험하고 기분 나쁘고 다시는 오고 싶지 않을만한 사건도 경험한 곳이다. 그런데 그 시간들이 모두 아름답게 채색되어지는 이유는 따로 있다. 바로 그곳에서 나와 사랑하는 가족들이 함께 보낸 시간들이라는 분명한 사실과 함께 느낀 감정들 때문이다.

그날도 그러했다. 우리가 셰익스피어 앤 컴퍼니 Shakesphere & company 서점을 찾아가는 날에 일어난 기분 나쁜 일. 나의 실수로 그리고 지하철 역무원의 실수로 지하철 티켓을 덜 마련했던 것이다. 노트르담 주변의 도서관과 서점을 가려고 기분 좋게 떠났건만 개표구를 지나 검표원을 만난 순간 모든 것이 뒤틀어졌다. 검표원은 그 자리

파리는 영화 〈비포 선셋〉에서 나오는 주인공들처럼 누구나 한 번쯤 동경하는 곳이다.

그때도 지금도 예술적인 장소
셰익스피어 앤 컴퍼니

에서 막대한 벌금을 매겼다. 지하철 매표소에서 나는 아이들의 연령과 숫자를 이야기하고 표를 구매했는데 착오가 생긴 것이다. 일일이 확인하지 않은 잘못이 일차적으로 내게 있지만 매표원의 책임도 있기에 그 사실을 설명했건만 검표원은 막무가내였다. 이래저래 실랑이를 벌이다가 일단 벌금을 내고 다음 행선지로 가는 내내 찜찜한 기분인 것을 어떻게 보상할까라는 생각으로 가득했다. 실랑이를 벌이며 지체했던 시간때문에 가고자 했던 도서관은 이미 폐점 시간이 되어서 센강 주변의 고서점 거리를 배회하게 되었다. 그러던 중 영화의 한 장면처럼 내게 다가온 풍경이 있었으니…

무심해 보이는 붉은 노을빛이 서서히 우리의 마음속에 들어온 순간 멀리 '셰익스피어 앤 컴퍼니'라고 쓰인 노란색 간판과 초록색 문으로 장식된 자그마한 건물이 보였다. 아이들에게도 참 예쁜 서점이 있다고 누누이 강조하였기에 아이들도 나름 기대감을 가지고 간 곳이다. 입구에서만 우리가 한 십여분 시간을 보낸 것 같다. 괜히 섣불리 들어가면 예의가 아닐 것 같은 소심함이 설렘의 반증이기도 했다. 현관 앞에 펼쳐진 책상 위의 책들도 구경하고 서점 앞에 놓인 조형물들 앞에서 사진도 찍고, 멀찍이 떨어져서 서점 앞에서 배회하는 아이들의 사진도 찍다가 마치 마음의 준비를 다 끝낸 사람처럼 조심스레 서점 안에 들어갔다.

역시나 사람들이 많았다. 사진 촬영 금지임을 알리는 수많은 로고와 문구 속에서 조심조심 서점 안을 더듬어 갔다. 경고문보다 더

무심해 보이는 붉은 노을빛이 서서히 우리의 마음속에 들어온 순간
'셰익스피어 앤 컴퍼니'라고 쓰인 노란색 간판과 초록색 문으로 장식된 자그마한 건물이 보였다.

그때도 지금도 예술적인 장소
셰익스피어 앤 컴퍼니

앙드레 지드, 폴 발레리, 에즈라 파운드, 스콧 피츠제럴드 같은 작가나 시인들의 모임이 잦았기에 가히 문학가들의 사랑터라고 불러도 손색이 없다.

무서운 우리 아이들의 감시 속에 난 단 한 장의 사진도 찍지 않았다. 마음은 이 소중한 공간을 사진 속에 남기고 싶지만 아이들에게는 질서와 정직을 배우는 현장이기에 애써 사진 찍고 싶은 마음을 잘 다스렸다. 덕분에 서점 안 구석구석 미로 찾기 하듯 탐색해 갔다. 그동안 수많은 서점들을 다녀보았지만 이 서점은 가히 독보적이라 할 만큼의 분명한 자신만의 분위기를 가지고 있다.

쓰러질 듯 쌓여있는 책들, 천정까지 차곡차곡 놓인 책, 무질서해 보이나 나름의 운치를 가지고 진열된 책들, 아늑함을 넘어선 따뜻함, 그 따뜻함 속에 용해된 많은 사람들의 열정. 수많은 사람들이 거쳐 간 흔적들, 그 흔적 속에서 자신을 찾고자 애쓰는 사람들. 오가는 눈길 속에 저마다 감탄하는 모습. 과거와 현재 사이에 술래잡기하는 즐거움. 어떤 공간에서는 책을, 어떤 공간에서는 오래된 언더우드 타자기를, 어느 공간에서는 피아노 연주 소리를, 어느 비좁은 구석에서는 기타 연주에 맞추어 노래하는 이들, 그들을 숨죽이며 바라보는 이들까지. 하나하나가 풍경이 되고 이야기가 펼쳐지는 공간이었다. 고서점에서만 채취할 수 있는 종이 냄새와 묵은 때가 덕지덕지 묻어 있는 빛바랜 책들까지 추억과 아련함을 공감할 수 있는 완벽한 공간이었다.

여기서 앙드레 지드가 책을 읽었겠지? 이쯤에서 폴 발레리가 글을 썼을까? 여긴 스콧 피츠제럴드가 의자에 앉아 원고를 작성하려고 고심하지 않았을까? 헤밍웨이는 도대체 어느 공간을 제일 좋아했을까? 부푼 꿈을 안고 좁은 책방 한구석에서 겨우 공간을 마

그때도 지금도 예술적인 장소
셰익스피어 앤 컴퍼니

련하여 문학가와 예술가로 거듭나기 위해 그들은 얼마나 오랫동안 새우잠을 잤을까?

이런 수많은 문학적 상상력이 절로 드는 공간이었다. 애쓰지 않아도 자연스레 그 상황들이 겹쳐지며 지금의 공간들을 투시하고 있는 것이다. 시공간을 넘나드는 공감대는 이런 것인가? 교류는 이렇게 이루어지는 것인가? 어린아이처럼 마냥 신기하다는 듯 조잘대었다. 그러다가 저 한쪽 구석에서 울려퍼지는 기타 연주 소리에 모든 것을 일시정지하고 멈추어서 감상의 시간을 가진 것도 지금 생각해보면 정말 소중한 추억이다.

프랑스 남부 생폴 드 방스 St. Paul de Vence에 유명한 호텔이 있다. 1920년대 쉐 로뱅송 Chez Robinson이라는 카페로 시작하여 황금비둘기라는 뜻의 라 콜롱브 도르 La Colombe d'or 이름으로 이어진 여인숙이자 레스토랑인 이곳은 유명 예술가들의 그림과 작품을 소유한 곳으로 늘 관광객이 찾아온다. 다수의 인상파 화가들이 사랑했던 프로방스 지방에는 곳곳에 그들의 흔적이 많이 남아 있다. 세잔의 도시, 피카소의 도시, 샤갈의 도시 등등이란 별명을 가지며 남프랑스의 색채를 더 인상적으로 만들어가는 꿈의 여행지이다. 강렬한 지중해의 태양빛을 받고 넘실대는 너무나도 푸른 지중해의 색감은 그들에게는 영감의 원천지였던 것이다. 당시 가난했던 무명의 화가들은 비싼 숙박료를 지불하기에 어려워서 숙박료 대신 그림을 그려주고 잠도 자고 먹을 것을 얻기도 했던 곳이 바로 이 호텔이다. 피카소, 레제, 마티스, 칼더 이외 수많은 화가들의 작품이 아무렇지도 않게

파리 5구 뷔 쉐리 거리에 있는 셰익스피어 앤 컴퍼니

그때도 지금도 예술적인 장소
셰익스피어 앤 컴퍼니

벽 한 면에 걸려있고 정원에 전시되어 있다. 지금 보면 그 여인숙의 주인은 상당히 영리한 사업가처럼 보이기도 한다. 현재 이 호텔은 화랑과 정원을 가진 고급 호텔로 자리 잡아 수많은 사람들을 불러 모으는 다소 감동적인 이야기가 서려 있는 곳이다.

파리에 있는 셰익스피어 앤 컴퍼니 서점도 이와 같은 비슷한 이야기가 스며들어 있다. 젊은 작가들의 유토피아라고 불리는 라탱지구. 소르본 대학을 중심으로 센강 주변의 고서점이 즐비한 곳. 사람들이 북적거리는 파리 5구 뷔 쉐리 거리 Rue de la Bûcherie에 있는 셰익스피어 앤 컴퍼니 서점은 도서관처럼 자유롭게 책을 읽을 수 있는 고서점이다. 1919년 선교사 아버지를 따라 미국에서 건너온 실비아 비치 Sylvia Beach가 파리 6구 오데옹 거리 Rue de l'Odéon에 서점을 차리면서 서점의 역사는 시작된다.

헤밍웨이의 회고록 《움직이는 축제》에서 언급된 서점이기도 하고 실제 파리에서 6년 동안 거주했던 그가 애정을 가진 서점이었다. 앙드레 지드, 폴 발레리, 에즈라 파운드, 스콧 피츠제럴드 같은 작가나 시인들의 모임이 잦았기에 이곳은 가히 문학가들의 사랑터라고 불러도 어색함이 없다.

이 서점이 유명하게 된 사건들이 있다. 당시 미국에서 금지되었던 로렌스 D. H. Lawrence의 작품들이 이곳에서 거래되었다. 또한 미국과 영국에서 모두 외설적이라는 이유로 책 출간이 거절되고 압수되었고, 연재되었던 잡지사마저 외설물 출간 죄로 재판을 받아 파산하고 급기야 잡지도 폐간이 되었으며, 제임스 조이스의 대표작 《율

리시스Ulysses》1922가 무삭제 완전판으로 출판되기도 한 역사적인 곳이다. 그러나 제2차 세계대전으로 나치가 프랑스를 점거하면서 실비아의 서점은 1941년 문을 닫게 된다. 나치 시절 실비아 역시 수용소에 끌려가 6개월간 갇혀 지내게 된다.

이후 1951년 프랑스에 유학 중이던 미국인 조지 휘트먼George Whitman에 의해 실비아 서점의 맥을 잇는 새로운 영미문학 전문서점이 현재의 자리에 문을 열게 된다. 당시에는 '르 미스트랄'이라는 이름으로 영어책 전문서점으로 출발하였고 휘트먼과 실비아는 서로 이야기를 나누는 관계였다. 그러던 중 휘트먼은 실비아 사망 이후 실비아가 소장한 장서를 인수받게 되고 셰익스피어 탄생 400주년인 1964년에 서점을 셰익스피어 앤 컴퍼니로 바꾼다.

일찍이 조지 휘트먼George Whitman은 평생 자신을 낯선 사람의 은

그때도 지금도 예술적인 장소
셰익스피어 앤 컴퍼니

혜로 숨 쉬며 스스로 떠돌아다니는 잡초 tumbleweed라 칭하여 세계를 여행했었다. 휘트먼은 자신의 여정 중에 겪었던 관대함을 갚기를 원했고 '낯선 이를 냉대하지 말라 변장한 천사일지도 모르니'라는 모토로 서점을 운영한다. 그리고 모든 종류의 작가, 예술가 및 지식인 난민들에게 문호를 개방했다. 그리고 서점은 서서히 비트 제너레이션 Beat Generation으로 불리는 1950년대의 보헤미안 성향 문학가와 예술가들의 안식처가 되어왔고 거쳐간 이들만 해도 4만 명에 이른다.

지금도 이 서점에서 과거처럼 낭독회도 열리고 다채로운 문학행사들이 진행되고 있다. 휘트먼이 제시한 모토에 힘입어 작가 지망생들은 하루에 한 권씩 책을 읽는 조건으로 그 서점에서 공짜로 머무는 전통에 감사해 한다. 그들은 작은 사진과 이름 주소 자기소개 글을 빼곡히 적은 쪽지를 서점 어느 벽에 부착해 놓는다.

이렇게 아름답고 훈훈한 이야기가 있다고 해서 어려움이 없는 것은 절대 아니다. 조지 휘트먼이 공동체적인 삶을 지향하고 자신의 신념과 모토대로 운영했을지라도 경영난은 오기 마련이다. 그러나 휘트먼은 사람을 노예로 만드는 요인이 돈이라는 것을 알기에 돈에 대한 의존을 줄임으로써 억압적인 세계에서 벗어날 수 있다고 생각하여 자신의 모토대로 서점을 운영해 간다.

요즘의 세상에 던지는 도전적인 화두다. 그 치열했던 문학과 예술에 대한 사랑이 빛을 발하는 것 같다. 어려움 속에서 키워져 온 솟대 같은 서점이기에 사람들의 발걸음이 진중한 것 같다.

휘트먼이 대단하다고 느끼는 것은 그가 자신이 나그네였을 때를 기억하고
또 다른 나그네를 환대할 줄 알았다는 것이다.

 휘트먼이 대단하다고 느끼는 것은 그가 자신이 나그네였을 때를 기억하고 또 다른 나그네를 환대할 줄 알았다는 것이다. 그 환대를 경험한 수많은 문학가들이 만들어 낸 오늘날의 셰익스피어 앤 컴퍼니는 단순한 서점이 아니라는 것을 알기에 이 서점이 최고의 서점이라고 말하고 싶다. 분명 고서점이 풍기는 풍채와 아름다움 역시 최고다. 그러나 이런 멋스러운 분위기의 서점은 사실 여러 군데 있다. 외양으로만 가지고 이 서점에 대해 말할 수 있는 것은 아닌 것 같다. 진정한 아름다움은 내면에서 풍기는 것이니까.
 환대를 경험할 수 있는 곳, 환대를 실천하고 배워야 하는 곳. 그곳이 서점이기에 더 각별한 것 같다. 사람은 사라져도 글은 남아 있고 책으로 존재하는 곳이 서점이다. 그 서점은 필시 순간순간이 역사가 되고 이 시대를 살아가는 이들에게 조용히 메아리를 울려대는 동굴임이 틀림없다.

6장
역사 속으로 사라진 책의 도시
리옹의 어느 멋진 서점

리옹이 책의 도시였어?

이 한마디를 외치며 두꺼운 책을 들추었다. 리옹 르네상스라는 표현이 나오면서 왜 리옹에서 출판의 역사가 화려하게 펼쳐졌는지 방대하게 설명한다.

지난 여름 사랑하는 네 딸들과 문학을 사랑하는 친구와 함께 남프랑스를 여행하게 되었다. 프로방스 지방에서만 느낄 수 있는 정취는 물론이거니와 곳곳에 숨겨진 문학적 명소와 미술적 비경 때문에 행복했던 시간이었다.

사실 리옹에는 벽화거리를 보고 싶어 갔다. 벽화거리를 조금 돌고 나서 구시가지 산책을 하였다. 언젠가 보았던 아치형 모양으로 쌓은 책이 서점 입구에 있는 사진 한 장에 매료되어 무작정 그 서점으로 향하였다. 가는 길에 리옹의 유명한 먹자골목을 지나가고 색다른 그래피티가 그려진 골목을 지나 보고 싶었던 서점 앞에 이르렀다.

리옹의 벽화거리.
지금은 모두 사라져버린 출판도시의 흔적들은 겨우 메르시에 거리 입구에 '인쇄공들의 통로'라는 안내판이 고작이다.

리옹이라는 도시의 시작은 기원전 1세기로 거슬러 올라간다. 로마인들이 갈리아 지방에 세 나라를 속주로 삼고 수도로 건설한 나라로 꽤나 오랫동안 유럽의 정치, 경제, 문화의 중심지로 성장해왔다. 지금도 리옹 구석구석에는 로마 원형극장을 비롯한 문화유산, 푸르비에르 노트르담 대성당과 박물관들과 관공서들이 한때 넘쳐났을 위엄을 보여주고 있다.

책의 도시 리옹에서 은행과 출판업의 상관관계를 장황하게 설명하듯이 리옹은 1800년대에 무수한 금융업이 성행한 곳이었다. 지리적으로 이탈리아를 오가는 곳에 위치하여 이곳을 거쳐 가는 건축가나 예술가 금융가 상업인들의 왕래가 활발한 도시였다.

베네치아, 파리, 프랑크푸르트, 볼로냐는 출판과 책의 도시로 이전부터 명성이 높았으나 리옹이 출판도시였다는 사실은 잘 몰랐다. 말하자면 역사 속에 사라져 버린 출판과 책의 도시였던 것이다. 리옹 르네상스조차 역사 속에서 잠잠히 머물러 있다.

리옹은 어린 왕자의 생텍쥐페리의 고향이라는 것, 미식의 도시, 빛 축제때문에 얻게 된 별칭 빛의 도시 그 정도가 전부였나 보다. 실제로 리옹을 돌아다녀보니 골목 하나 지나갈 때마다 서점이 많았다. 북카페로 보이기도 한 서점들도 꽤 여러 군데 있었다.

지금은 모두 사라져 버린 출판 도시의 흔적들은 겨우 메르시에 거리 입구에 '인쇄공들의 통로'라는 안내판이 고작이다. 상인의 거리라는 뜻의 메르시에 거리는 15세기 중반 무렵부터 독일, 이탈리아 등 각 국의 인쇄공들이 모여들면서 르네상스 시대 인쇄업자들의 중심지가 되어 왔다.

안타깝게도 메르시에 거리에서 과거 횡행했던 출판의 도시의 모습은 전혀 찾을 수 없다. 오히려 미식의 도시 리옹이라는 것만 부각되는 먹자골목이자 상권 지구다. 대학 출판이 중심인 파리와 양대 산맥처럼 프랑스의 출판업을 담당하던 리옹의 영광은 흐릿해지고 몇몇 서점만이 과거의 향수를 탐색하게 해준다.

1472년 최초의 인쇄소가 세워진 리옹은 비록 베네치아, 파리보다는 늦었지만 유럽 인쇄 출판의 가장 중요한 중심지였으며 히브리어, 그리스어, 라틴어, 이탈리아어, 에스파냐어, 프랑스어로 된 수많은 책을 출판했다. 특히 뷔템베르거 세바스티안 그뤼페 Württemberger Sebastian Gryphe는 리옹에 인쇄소를 세우고 에라스뮈스, 라블레, 스칼리게르, 모어, 폴리치아노 등 많은 지식인들의 작품을 출판했다. 메르시에가를 중심으로 법률, 의학, 상업 등 각종 다양한 종류의 책을 출판되었고 그중에는 종교개혁가들의 서적이 있었으나 당시에는 이단과 금서로 취급받기도 했다.

리옹이 출판업과 금융업으로 번영을 누릴 때 프랑스에서 종교전쟁이 일어나고 전쟁이 한참 벌어지던 1564년 흑사병으로 리옹 인구의 3분의 1을 잃게 되면서 리옹의 경제는 점차 쇠퇴하게 된다.

특이한 것은 르네상스 시대의 지식인은 스스로 책을 쓰기도 했지만 출판인을 겸하기도 한 사실이다. 왕권 직속인 수도 파리의 출판업이 대학가를 중심으로 발전한 반면 자유 상업도시 리옹의 '책

실제로 리옹을 돌아다녀보니 골목 하나 지나갈 때마다 서점이 많았다.
북카페로 보이기도 한 서점들도 꽤 여러 군데 있었다.

역사 속으로 사라진 책의 도시
리옹의 어느 멋진 서점

의 거리'는 상업지구 한가운데서 탄생되었다. 그러나 이후에 제네바에 출판업을 빼앗기게 되었고 오늘날의 프랑스 출판사는 파리에 집중하게 된다. 르네상스 시대에 출판의 화려한 무대는 오늘날처럼 서점의 책꽂이도 아니고 서평란도 아니고 서적시라는 '유통의 장'이었던 것을 보면 현재로서는 상상하기 힘든 놀랄만한 사실이다.

책의 도시 리옹의 역사 속에서 새로이 알게 된 것은 '행상인'이라는 단어의 뜻이다. 원래 '행상'이라는 말은 '해독'이라는 의미를 갖는 말에서 나왔다고 한다. 책을 팔러 다니는 사람이란 해독제 장사였던 듯 하다. 이같은 서적 행상인이 종교 개혁파 사상을 보급하는데 큰 역할을 한다. 해독제, 책이 해독제의 역할을 한다는 것이 뇌리에 깊이 박힌다.

1472년 최초의 인쇄소가 세워진 리옹은
비록 베네치아, 파리보다는 늦었지만
유럽 인쇄 출판의 중요한 중심지였다.

르 발 데 아르덴츠 Le Bal Des Ardents 서점

리옹 곳곳에 벽화 마을이 있는데 그중에는 리옹에서 출판된 도서와 서점이 그려진 벽화도 있다. 워낙 다양한 곳에 벽화가 있어 미처 그 벽화를 보지 못했으나 중심지에서 변두리로 비껴간 도시의 흥망과 역사가 벽화에도 고스란히 나타나 있는 것 같아 아쉽다. 벽화마을을 둘러보다가 황급히 이 서점을 찾아가면서 정말 들어가고 싶을 만큼 아기자기하고 다양한 서점이 많았다.

그 많은 서점 중에 르 발 데 아르덴츠 Le Bal Des Ardents 서점에 들어갔을 때 여느 서점처럼 독특한 분위기와 어여쁨에 반하기도 했다. 아이들은 동굴 입구를 통과하는 기분으로 신나서 들어가고 어린이 책이 있는 코너로 가서 구경하였다. 하지만 서점 주인은 아이들이 책을 보는 것을 좋아하지 않았다.

리옹에는 벽화마을이 있는데 중심지에서 변두리로 비껴간 도시의 흥망과 역사가 벽화에도 고스란히 나타나 있는 것 같다.

그 많은 서점 중에 르 발 데 아르덴츠 서점에 들어갔을 때 여느 서점처럼 독특한 분위기에 반하기도 했다.

"책은 도서관에서 봐라, 여기는 책을 사는 곳이야." 서점 주인이 아이들에게 이야기를 하는 바람에 아이들이 움찔하며 책표지만 구경하다 나왔다. 서점 내부는 참 독특했다. 서점으로 들어가는 길목도 독특하고 분위기 넘쳐나는 곳이었는데, 주인의 한 마디가 오랫동안 여운을 주었다.

그렇지. 여기는 책을 사는 곳이지. 책을 들추어 볼 수도 있는데, 잔소리를 듣고 온 기분이다. 리옹이 책의 도시였는데 그런 과거를 추앙만 하고 지금의 어려워진 현실 앞에 견디다 못해 한 마디 툭 내뱉은 것일까? 아니면 종종 만나게 되는 동양인에 대한 발언일까? 알 수는 없으나 조금 쓸쓸한 기분은 부정하지 못하겠다. 우리가 방문했던 그 시간에만 그랬겠지. 아무리 지금은 단절된 출판도시의 명성이지만 그들 마음속에 면면히 숨어 있는 출판과 책의 도시라는 자부심은 그리움으로도 남아 있을 텐데 말이다. 그래도 책을 사랑하는 프랑스이며 바캉스 기간에도 최소 세 권은 읽는다는 민족이지 않은가. 그 그리움이 리옹 르네상스를 다시금 부활시키는 원동력이 되면 좋겠다. 괜스레 서울의 청계천 헌책방 골목, 충무로 인쇄소 골목이 생각났다. 사라진 옛 종로서적도 생각났다.

르 발 데 아르덴츠 서점 내부.

역사 속으로 사라진 책의 도시
리옹의 어느 멋진 서점

3부
독일, 영국, 포르투갈의 서점 속으로

1장 숨은 보석 같은 무한대의 감동을 주는 서점
노이서 부흐 운트 쿤스트안티쿠아리아트 · 마이어셰 드로스테 · 후겐두벨

2장 하인리히 하이네의 생가가 서점과 문학카페로
하인리히 하이네 하우스

3장 런던 최고의 서점과 최대 서점의 향기
워터 스톤즈 · 해저즈

4장 파두의 선율을 닮은듯한 리스본의 서점들
버트란드 · 리브라리아 레르 데바가르

5장 전통과 아름다움으로 시작한 서점의 변화
포르투 렐루

1장
숨은 보석같은 무한대의 감동을 주는 서점

어쩌다 보니 독일 뒤셀도르프 인근에 세 번 가게 되었다. 거기에는 보고 싶은 것과 가고 싶은 곳이 몰려 있었기에 늘 기대감으로 간 곳이다. 맨 처음 갔을 때는 노이스 Neuss에 있는 홈브로이히 박물관 섬 Museum Insel Hombrich에, 두 번째는 K-21 미술관, 세 번째에는 K-20 미술관에 갔다가 노이스 서점에 가게 되었다. 갈 때마다 뒤셀도르프에 대한 좋은 인상을 받았고 동시에 아쉬움도 느꼈었다. 아직도 뒤셀도르프 거리를 활보하며 곳곳에 있는 멋진 건물과 건축가의 작품들을 다 보지 못했다. 게다가 지하 미술관이라 불리는 그곳도 가지 못했기 때문이다. 혹 다시 기회가 생긴다면 거리 곳곳에서의 만남을 이루고 싶다.

뒤셀도르프에 무슨 애정이 깊어서 이렇게 자주 간 것은 아니다. 이유는 다소 엉뚱하고 단순하다. 일 년에 두 번 호텔 숙박 할인 행사를 하는데, 네덜란드 국내와 인근 도시의 호텔을 알아보다가 가게 된 곳이다. 비바람이 몰아치는 네덜란드의 가을과 겨울에 시달리다 보니 따뜻한 아랫목과 뜨끈뜨끈한 온천이 늘 그리웠기 때문에 사우나 시설이 있는 호텔을 저렴하게 다녀올 수 있는 기회를 노리다가 호텔 할인행사를 할 때 부지런을 떨어서 신청하고 가는 것이다. 마침 내가 원하는 호텔이 뒤셀도르프에 비교적 가까운 거리에 위치했기에 가게 된 것이다.

덕분에 라인강 인근에 있는 미술관과 서점에 대한 궁금증은 어느 정도 해소된 것 같다. 또한 오랜 숙원이었던 사우나를 즐기니 몇 년 묵은 체증이 가라앉는 해소감도 누리게 되었으니 당연히 뒤셀도르프에 대한 인상도 좋아진다.

고서와 예술을 짝지은
노이서 부흐 운트 쿤스트안티쿠아리아트 Neusser Buch - & Kunstantiquariat

무심코 들여다보았던 한 장의 사진, 스치듯 읽었던 한 문장 때문에 여행의 행선지가 바뀌고 결정이 바뀌는 경우가 종종 있다. 아마도 뒤셀도르프 인근의 노이스의 고서점에 가게 된 것은 바로 이러한 이유였을 것이다. 서점의 이름은 노이서 부흐 운트 쿤스트안티쿠아리아트 Neusser Buch - & Kunstantiquariat. 빛의 예술이라 불리는 사진. 잔잔히 들어오는 빛과 오래된 책의 조우가 빚어내는 정적감. 그것에 끌려 결국은 가고 말았다. 예술과 고서를 함께 파는 서점 겸 희망이다.

서점 주변은 도저히 서점이 있는 동네 같아 보이지 않는다. 평범

잔잔히 들어오는 빛과 오래된 책의 조우가 빚어내는 정적감에 끌려 노이서 부흐 서점에 들어갔다.

노이서 부흐 서점 주인이 안내해 준 곳을 따라가 보니 알라딘의 동굴을 탐험하는 기분이다.

숨은 보석같은
무한대의 감동을 주는 서점

한 가정집이 몰려있는 거리다. 조금 벗어나면 옷가게도 있고 슈퍼마켓도 있고 꽃가게도 있는 독일의 거리다. 서점이라는 간판도 딱히 간판 같아 보이지 않는 곳이다.

자세히 살피고 가야 찾을 수 있는 그곳. 작은 현관문을 열고 들어가도 그냥 평범한 사무실. 그런데 서점 주인이 안내해준 곳을 따라가 보니 이건 알라딘의 동굴을 탐험하는 기분이다. 지금은 다음 작품 전시를 위해 준비하는 기간이라 화랑이 좀 지저분하다며 양해를 구하는 아저씨의 친절함도 모험심을 자극하는 발언이 되어버렸다. 아이들도 동굴 탐험하는 기분이었다. 모처럼 아빠도 함께 나들이를 한 날이라 더 신나는 하루였다.
"어떻게 여기를 알고 이 시골 구석까지 왔느냐?"
"어떤 책을 찾느냐?"
이렇게 물어보는 아저씨와 아주머니의 질문에 그저 빙그레 웃었다. 딱히 찾는 책이 있던 것이 아니었고 그저 이 서점의 모습을 보고 싶었기에 대충 대답했다.
네덜란드어와 독일어가 비슷하여 아이들은 네덜란드 말을 하고 아이들 아빠는 소싯적에 배운 독일어 실력으로 말하는 시간도 재미있었다. 우리를 배려하여 영어로도 이야기해 준 아저씨가 고마울 뿐이다.
"딸이 네 명이나 돼요?"라며 아이들 사진까지 찍어가며 즐겁게 이야기를 나눈 시간이 참 좋았다. 자연스레 서점 가이드로 아주머니가 구석구석 설명도 해주고 이야기도 들려주니 금상첨화다.

"여기는 정말 오래된 책이 많아요.
마음껏 보다가 필요한 것 있으면 말하세요.
이 잡지는 한때 가장 인기 많았던 것이에요.
여기는 200년 전에 수도원이었던 곳이에요.
이 지하실은 수녀들이 식사를 준비하던 주방이었어요.
여기 우물 좀 들여다보세요.
위로 올라가면 화랑이 있어요.
다음에 전시할 작품을 갖다 놓아서 좀 지저분해요.
여기서 그래픽 작업을 하죠.
액자 작업은 이곳에서 합니다.
포스터도 만들고 디자인도 하는 곳이랍니다."

밖에서 보았을 때는 평범한 가정집 같아 보인 노이서 부흐 서점은 알고 보니 구석구석 신비감으로 채워진 곳이었다. 아주머니의 안내가 없었다면 그 흥미로움을 느끼지 못할 수도 있었겠다. 아이들도 조심스레 사다리를 만져보기도 하고, 삐그덕 거리는 계단을 올라가 보기도 하고, 오래된 책 향기가 스며들어 있는 해리포터 책도 들추어보고 우물 속도 들여다보고 딱딱한 의자에 앉아보기도 했다. 좁은 계단을 올라 이층에 가서 각종 액자도 보고 무시무시한 프린트 기계도 보다 보니 서점에 온 것이 아니라 직업현장 견학을 온 것 같은 느낌.

예전에 학교에서 우리 반 아이들을 데리고 직업체험현장에 우르르 다니며 견학했던 때가 떠올랐다. 지금은 맞춤형 교육으로 그 현

삐그덕거리는 계단을 올라가보기도 하고 오래된 책 향기가 스며들어 있는 〈해리포터〉책도 들추어 보고 우물 속도 들여다보고 딱딱한 의자에 앉아보기도 했다.

장에서 자연스레 보고 듣고 배우는 시간이라는 생각이 드니 공간이 주는 또 다른 시사점이 있는 듯하다.

희귀한 골동품까지 볼 수 있고 우리가 구경했던 지하에는 가죽으로 된 책도 많았다. 비교적 다양한 버전의 오래된 성경책도 보여주었다. 혹시나 소장하고 싶은 것이 있을까 하여 자세히 보기도 하였다. 대형 촛대와 앤티크 가구들과 어두컴컴한 곳에 촛불 조명을 받아 은은한 자태를 드러내는 각종 고서들에게서 뿜어져 나오는 경륜의 이미지가 그리 좋을 수가 없다. 이 서점의 진정한 가치는 여기에 있다.

2차 대전이 일어난 시기에 혹시 여기가 피난처가 아니었을까라는 생각이 슬쩍 들었다. 1979년에 세워진 이 서점은 희귀본의 고서

서점과 화랑을 함께 운영하고 있는 '노이서 부흐 운트 쿤스트안티쿠아리아트'

피카소, 달리, 샤갈, 호안 미로, 하인리히 지프만 등의 작품을 보유하고 있으며 각종 그래픽 작업도 이곳에서 한다.

와 화랑 때문에 이미 이 인근 지역 내에서는 방문 가치가 높은 명소이다. 외국인인 우리에게만 낯설 뿐. 그래서 더 의미가 있다. 남모르는 곳에서 보물을 발견한 쾌감마저 들었다.

   미술에 관심이 많은 사람들도 역시나 드나드는 곳이다. 피카소, 달리, 샤갈, 호안 미로, 하인리히 지프만의 작품을 보유하고 있고 각종 그래픽 작업도 이곳에서 한다. 우리가 방문했을 때 다음 작품 전시 준비로 인해 많은 미술품을 보지 못했으나 겹겹이 쌓인 액자들만 보아도 전시회 풍경이 마음속에 그려진다. 도서관이나 서점과 미술관을 좋아하는 나에게 또 나와 같은 사람에게는 이 서점이 안성맞춤이다.

200주년을 맞이한 뒤셀도르프의 명품 서점
마이어셰 드로스테 Mayersche Droste

뒤셀도르프는 부유함이 넘치는 여유로운 도시 이미지를 가지고 있다. 라인강을 끼고 있는 도심 속에 문화적 자산을 많이 가지고 있기 때문이다. 현대미술을 감상할 수 있는 걸출한 미술관을 필두로 곳곳에 세계적인 건축가의 작품들이 즐비하다. 항구도시에 수많은 디자이너들이 달려들었다. 건축가들이 몰렸다. 공업도시 이미지의 격을 색다르게 높일 수 있기 때문이다. 도시 자체가 미술관이고 박물관이다. 때로 '작은 파리'라고 불리는 도시다. 하인리히 하이네와 슈만과 멘델스존이 활동하던 이 도시에는 괴테 박물관, 프랑크게리의 건물들, 로샬리의 설치미술, 독특한 건축물들이 함께 세련된 이미지를 완성해 간다. 훼손되지 않는 구시가지의 모습 위에 새로운 신도시가 함께 어우러진 풍경에 결국에는 감동을 받고야 만다. 반짝거리는 조명을 받고 있는 명품거리 한복판에 자랑스러운 부조물을 발견했다.

1817년 야곱 안톤 마이어 Jacob Anton Mayer가 아헨 Aachen에 세운 서점
1879년 아들 칼 마이어는 왕정에 책 납품
2017년 200주년

바로 마이어셰 드로스테 Mayersche Droste 서점이다. 이렇게 현대적인 서점이 무려 200년의 역사를 가지고 있고 게다가 왕실에서 인정한 서점이라는 것이 얼마나 자랑스러운 사실인가? 개점 시기의 첫 모습은 전혀 발견할 수 없으나 서점의 역사 속에 그들의 긍지와 자부심은 과연 명품거리 한복판에 위치할만하다.

필요한 문구를 사기 위해 들어갔다가 이곳이 엄청난 서점이라는 것을 알게 되니 뜻밖의 식사에 배부름을 경험한 효과를 맛보게 되었다. 현관문을 통과하자마자 예사롭지 않은 내부디자인에 나의 시선이 달려가고 아이들은 대형 미끄럼틀을 향하여 달려간다. 아무렴 좋다. 놀랍도록 멋진 신세계이다. 서점 안에 저렇게 아이들을 위한 놀이터를 마련한 그들의 발상이 대단하다. 애서가의 시선을 잡아끄는 빨간색의 에스컬레이터와 층층마다 화려한 색감의 디자인과 책을 고르고 읽을 수 있는 충분한 공간. 진열하고 있는 책과 어울리는 공간 구성, 대형 유리창을 통해 밖의 명품거리를 조망할 수

마이어셰 드로스테 서점은 200년의 역사를 가지고 있으며, 왕실에서 인정한 곳이기도 하다.

숨은 보석같은
무한대의 감동을 주는 서점

베스트셀러만 진열하는 것이 아니라 서점 측의 운영 철학이 반영된 책을 배열해 놓는다.

어린이를 위해 대형 미끄럼틀을 마련한 특별한 공간도 이색적이다.

시간을
파는 서점

있는 서점 내 카페이자 독서 라운지. 시각적으로 매력을 끄는 요소들이 정말 많다. 한 층 한 층 올라 6층에 이르는 서점의 내부를 찬찬히 둘러보려면 최소한 반나절이 필요하다.

독일의 서점은 책 진열 방식에서도 남다른 인식을 가지고 있다. 단지 베스트셀러만 진열하는 것이 아니라 서점 측의 운영 철학이 반영된 책을 배열해 놓는다. 고객이 원하는 책을 찾아주는 기본 서비스는 물론이거니와 필요한 모든 책을 다 구비해 놓는다.

어린이 고객을 위한 특별한 공간도 이색적이다. 실내놀이터만큼 근사한 그곳에는 아이들이 좋아하는 미끄럼틀뿐 아니라 커다란 테디베어 인형과 각종 장난감과 손인형과 팬시 제품이 잔뜩 마련되어 있다. 여기서 아이들은 시간가는 줄 모르게 보내면서 동시에 좋은 기억을 가지게 된다. 잠재적인 고객 확보를 위한 확실한 아이디어다. 고객들이 책이나 물건을 구입하면 10센트를 각종 사회단체에 기부하는 시스템을 가지고 있다.

2017년에는 200주년을 맞이하여 무려 200가지의 이벤트를 진행했다. 대단한 규모이자 마이어셰 드로스테 서점의 저력을 한눈에 파악할 수 있는 통큰 이벤트이다. 물론 그동안 서점에서 저자와의 만남이 있어 왔다. 작가 이름만 들어도 설렘을 안겨 줄 저자들이 마이어셰 드로스테 서점에서 독자와의 대화 시간을 가졌다니 가히 부럽기만 하다. 스위스의 국민작가인 프리드리히 뒤렌마트, 노벨문학상 수상자인 독일 작가 귄터 그라스, 대표적인 독일의 전후 문학가 지크프리트 렌츠와 함께 하는 그 시간에 얼마나 독자들은 가슴

마이어셰 드로스테는 고객들이 책이나 물건을 구입하면 10퍼센트를 각종 사회단체에 기부하는 시스템을 가지고 있다.

마이어셰 드로스테는 1990년대에는 유럽에서 가장 큰 과학서점이라는 자부심을 가지고 있었고 여러 방면으로 사회 참여를 하는 것으로도 유명한 서점이다. 유니세프를 후원하고 에이즈 단체를 돕고 초등학교와 연계한 책 트롤리 사업과 함께 게임도 지원을 해주고 있다

벅찬 시간을 가졌을지 상상만 해도 뿌듯하다.

1990년대에는 유럽에서 가장 큰 과학 서점이라는 자부심을 가지고 있었고 여러 방면으로 사회참여를 하는 것으로도 유명했다. 유니세프를 후원하고 에이즈 단체를 돕고 초등학교와 연계한 책 트롤리 사업과 함께 게임도 지원을 해주고 있다.

'책은 세상을 바꿀 수 있다'는 모토로 크리스마스 소망나무와 소포를 보내주는 일도 한다. 서점의 회원들을 위한 특별한 프로그램을 실시한다. 특정한 날 할인을 해주는 것을 포함하여 작가와의 인사 시간을 가지는 것, 오디오북 제작에 참여하는 것 등이다. 200가지 이벤트 중에는 스릴 넘치는 범죄나 사건과 관련된 사회문제에 관하여 독서프로그램을 만들고 강의를 마련했다.

뷔르츠부르크의 후겐두벨Hugendubel 서점

뷔르츠부르크 광장은 사람 사는 맛이 넘친다. 오래된 도시와 세계문화유산과 최신 유행을 소개하는 명품거리가 한자리에 옹기종기 모여 있다. 게다가 주말이면 장터가 열린다. 이 모든 것을 한자리에서 경험할 수 있다. 로코코 궁전 같은 뷔르츠부르크 도서관에서 나와 대로변까지 걷다가 평범해 보이

뷔르츠부르크 광장에서 만날 수 있는 후겐두벨 서점

는 후겐두벨 서점에 들어가보니 이건 전혀 딴 세상이다.

　서점에 대한 고정관념을 뒤엎어버리고도 남는 첫인상. 천정에는 거대한 샹들리에가, 한가운데는 위층으로 올라가는 에스컬레이터가 하나의 조각품처럼 보인다. 소파도 예사롭지 않고 바닥에 깔린 러그도 시선을 모으게 한다. 서점이 아니라 어느 멋진 호텔 로비 같아 한동안 그 아름다운 인테리어에 마음을 뺏겼다. 문득 정신을 차리고 보니 여긴 서점이었다는 것을 깨달았다. 독일의 서점은 최소 100년 이상은 되어야 전통을 내세울 수 있는 서점이라고 말해도 과장이 아닐 듯싶다.

서점에 대한 고정관념을 뒤엎어버리고도 남은 후겐두벨의 첫인상.
천정에는 거대한 샹들리에가, 한가운데는 위층으로 올라가는 에스컬레이터가 하나의 조각품처럼 보인다.

숨은 보석같은
무한대의 감동을 주는 서점

후겐두벨 서점 내부 책 진열 모습

후겐두벨 서점은 1893년 하인히리 칼 구스타프 후겐두벨이 뮌헨에 있는 기존의 서점을 인수하며 개점한 것을 시작으로 베를린, 뮌헨, 슈투트가르트를 비롯하여 무려 90여 곳에 분점을 가지고 있다.(위)
드넓은 공간과 독특한 인테리어로 많은 사랑을 받고 있는 서점이다.(아래)

후겐두벨Hugendubel 서점은 1893년 하인리히 칼 구스타프 후겐두벨이 뮌헨에 있는 기존의 서점을 인수하며 개점한 것을 시작으로 가계 기업으로 만들면서 성장하였다. 북부 독일에는 탈리아Thalia 서점이, 중남부에는 후겐두벨 서점의 위상이 공고하게 서있다. 베를린, 뮌헨, 슈투트가르트를 비롯하여 무려 90여 곳에 분점을 가지고 있는 독일의 대표적인 체인 서점이다.

서점이라기보다는 복합 문화공간과 백화점의 기능을 동시에 수행하는 특별한 곳이다. 특히나 뷔르츠부르크에 있는 후겐두벨 서점은 드넓은 공간과 독특한 인테리어로 많은 사랑을 받고 있다. 5만 명의 고객을 확보하고 있으며 도서관, 행정기관, 학교, 대학, 기업, 문학 전문가들에게 최상의 정보와 서비스를 제공하며 출판과 디지털 매체에 책을 공급하는 저력 있는 서점이다.

책을 엄선해서 전시하기로 소문이 나있는 서점으로 2,000여 개

책을 고르는 사람들, 여유롭게 빨간 의자에 앉아 책을 읽거나 신문을 보는 할아버지 할머니들,
문구 코너에서 아이들과 함께 예쁜 물건을 고르는 아이와 부모들,
아래층이 훤히 내려다보이는 곳에서 느긋하게 커피 한 잔에 책을 즐길 줄 아는 이들이다.

의 출판계와 온라인 포털과 협업을 통하여 명실공히 최상의 서점으로 자리매김한 곳이다. 책을 고르는 사람들, 여유롭게 빨간 의자에 앉아 책을 읽거나 신문을 보는 할아버지 할머니들, 문구코너에서 아이들과 함께 예쁜 물건을 고르는 아이와 부모들, 아래층이 훤히 내려다보이는 곳에서 느긋하게 커피 한 잔에 책을 즐길 줄 아는 이들이다. 내가 만일 화가였다면 이 상황을 그림으로 그렸을 것 같다. 멈추고 싶은 순간을 영원히 간직하게.

오늘도 내일도 나는 서점 순례를 떠날 것이다. 그 서점이 이웃집일 수도 있고, 때로는 머나먼 곳의 어느 이름 모를 자그마한 구멍가게일 수도 있다. 아니면 매일 마주하는 내 방의 책꽂이일 수도 있다.

어느 날은 책 표지만 봐도 좋다. 저자의 생각을 읽어 내려가기 전에 나만의 상상력으로 그 책에 대한 감상록을 만들어가는 시간이 참 좋다. 며칠 동안은 책을 읽지 않고 휴독休讀을 하는 시간도 좋다. 그 시간은 자연이 나에게 커다란 책이기 때문이다.

사유하는 시간, 묵상하는 시간. 이 시간들이 잠시라도 멈춰서는 안 될 것처럼 달려드는 시대의 속도전에서 그나마 다음 행선지를 바로 볼 수 있게 만든다. 이 시간들이 혹시나 칠칠맞은 내 성격 때문에 놓친 것이 있는지 살펴보는 시간이다. 이 시간들이 행여 눈길을 주지 못한 어제 피어난 꽃과 오늘의 하늘로 다시 펼쳐지는 푸른 하늘을 품는 안락한 시간이다.

2장
하인리히 하이네의 생가가
서점과 문학카페로

하인리히 하이네의 문학적 고향

　여행길에 누군가의 생가를 여행하다 보면 느끼는 것이 있다. 그들은 별 것 아닌 것을 소중하게 보관하고 전시한다는 사실이다. 사소한 것도 그냥 넘기지 않고 소소해 보이는 물건까지 의미부여를 하며 전시공간을 메꾼다. 그저 그럴 것 같은 일상의 흔적까지도.
　화려한 업적과 비교 불가한 역사적 유품을 전시한 박물관이나 미술관의 명작에 길들여진 내 눈에 어느 순간부터 은은한 색채가 감도는 생가의 풍경이 슬그머니 시야에 들어온다. 무려 12세기까지 거슬러 올라가는 역사적인 도시 뒤셀도르프에 그런 잔잔한 감동을 안겨줄 미지의 장소가 있었음에 마음줄을 놓아버렸다.

　독일의 주요 공업단지인 루르 지역은 라인강을 중심으로 발달했다. 주변이 석탄과 철광석 산지인 데다가 라인강 줄기를 따라 발

하인리히 하이네의 생가가
서점과 문학카페로

달한 교통의 요지이기에 가능하다. 그러나 제2차 세계대전이 발발하자 도시의 90%가 파괴되었다. 주요 공업단지였기에 표적 도시가 되어 버린 것이다. 폐허가 된 도시를 재건하면서 공업도시에서 경제 산업 중심지로 변모하여 성장한다. 해외 상사와 금융기관이 몰려들고 지리적 특성 때문에 각종 전시회나 박람회가 자주 열리는 교류의 도시로 거듭난다. 뒤셀도르프 강변 마을^{dorf}이 아니라 뒤셀도르프 시^{市}가 되어간다.

아득했던 도르프 시절에 어울릴듯한 사람들이 그곳에 살았기에 그 도시는 더 특별해진다. 퍽퍽한 인생살이와 시대의 아픔에 아랑곳하지 않고 살고 싶은 사람들 마음 깊은 곳의 서정을 노래로 만든 이가 있었다. 독일 민족의 숨결 같은 라인강 지역의 로렐라이 언덕을 지날 때마다 어부들의 마음이 아리따운 아가씨에 마음을 홀려 사라지듯이 질퍽한 인생살이 언덕을 넘어갈 때마다 그들의 아픈 마음을 보듬어 다시 길을 걷게 만드는 위로의 노래다.

유대인의 자손이란 멍에 때문에 만든 이의 이름을 부여해주지 않아 작자 미상의 독일민요라고 널리 알려진 '로렐라이 언덕'이란 노래는 태생이 유대인이었던 하인리히 하이네 시인의 빛나는 작품이었다. 초등학교 시절에 배웠던 음악교과서에도 그렇게 적혀 있었다. 교과서가 진실이라고 믿고 지내왔던 순수한 시절에 대한 배신감이라기보다 잃어버린 순수를 다시 세우고자 하는 마음이 더 크다. 드러난 사실이 진실이 아닐 수도 있다는 마뜩잖은 사실에 짐짓 마음이 무너지기도 한다.

뒤셀도르프의 볼커 스트라트에 있는 하인리히 하이네 서점

뒤셀도르프의 볼커 스트라트에 있는 하인리히 하이네 서점에 대한 단상은 그러하다. 하이네 하우스는 시대를 넘어 사상을 넘어 진실은 때가 되면 세상에 부끄럽지 않게 드러난다는 것을 알려준 서점이다.

1797년 12월 13일 뒤셀도르프에서 태어난 하인리히 하이네는 가난한 유대 상인의 장남이었다. 지금도 부유한 도시인 함부르크의 은행가인 숙부처럼 상인이 되기를 바란 부모님 밑에서 유소년 시절을 보낸 그는 상인이 되기 위한 수업을 듣기도 하고 숙부의 은행에서 일을 하기도 했다. 하지만 시인이 될 운명이었을까? 문학에 지대한 관심을 가진 그는 숙부의 딸 아말리에 하이네와의 첫사랑의 실연조차 고통의 아름다움을 시로 토해내었다. 이후 괴팅겐대학, 베를린대학에 다닐 때에는 푸케, 호프만, 슐레겔 등의 문학가들과 교류하기도 한다. 시집《노래의 책》을 발표한 1827년부터 문학가의 모습이 두드러진다. 이전의 첫사랑의 경험은 하이네 시의 주요 모티프가 되었다. 또한 전통적인 서정시의 틀에 비껴나 민요풍의 형식을 도입하면서 사회에 크나큰 소용돌이를 일으킨다. 우리나라 김소월의 시처럼 사람들 입에 마음속에 파고드는 시와 노래가 생겨난다. 하이네의 시는 나중에 슈만과 슈베르트에 의해 음악으로도 재탄생되었다. 뒤셀도르프에서 가까운 이웃으로 지냈던 슈만

하이네의 생가는 제2차 세계대전에 파괴되어 1959년에 재건되었다.

은 하이네의 시를 무척 좋아하여 그의 시를 아름다운 피아노곡과 가곡으로 새롭게 만들어 세상에 선보였다.

아름다운 서정시인으로서만 하이네의 존재가치가 드러나는 것은 아니다. 그는 오히려 저널리스트였고 비평가로서의 글을 더 많이 썼다. 프랑스 7월 혁명에 감화된 것을 계기로 독일 내에서 진보적인 인사로 낙인이 찍히고 탄압이 심해지자 파리로 망명하였다. 하이네는 늘 고향 뒤셀도르프를 그리워하며 잠시 동안 조국 독일 여행을 하긴 하였으나 다시 되돌아오지 않았고 결국 몽마르트 공동묘지에 안착한다.

고전주의와 낭만주의를 잇는 아름다운 서정시인은 현실과 사실을 꿰뚫어 보고 직시했으며 봉건체제에 대항하고 왜곡된 혁명 운동의 편협함에 대한 비판주의자이기도 했다. 시인은 변화의 통로가 되는 사람이어야한다는 것을 작품으로 삶으로 보여주었다.

다시 어릴 적으로 돌아가 시를 읊어본다.

그대 한송이 꽃과 같이
그리도 맑고 예쁘고 깨끗하여라
하나님이 그대를 언제나 이대로
맑고 아름답고 귀엽게 지켜주시길
그대 머리 위에 두 손을 얹고 나는 빌고만 싶어진다.

- 그대 한송이 꽃과 같이 -

옛날부터 전해오는
쓸쓸한 이 말이
가슴속에 그립게도
끝없이 떠오른다
구름 걷힌 하늘 아래
고요한 라인강
저녁 빛이 찬란하다
로렐라이 언덕

저편 언덕 바위 위에
어여쁜 새색시
황금빛이 빛나는 옷
보기에도 황홀해
고운 머리 빗으면서
부르는 그 노래
마음 끄는 이상한 힘
노래에 흐른다

- 로렐라이 언덕 -

　맑디맑은 선율에 올라 탄 고운 시는 엄청난 세파 속에 함몰되지 않고 하늘을 바라보며 육중한 삶의 무게를 튕겨내며 살 수 있는 힘을 준다. 그렇게 독일 민족의 마음속에 파고든 시는 전 세계인의 마음속에도 둥지를 튼다. 차디찬 현실 속에 따뜻한 시로 인하여 살아갈 힘을 얻는다.

뒤셀도르프는 그러한 하이네를 추모하기 시작한다. 나치 정부에 대한 철저한 반성과 돌이킴은 그를 다시 위대한 문학가로 만들었고 그를 기념하면서 얼룩진 민족성과 상처받은 과거에 대한 회한을 쓸어버린다.

뒤셀도르프의 볼커 슈트라세는 각종 바가 밀집되어 있는 거리이다. 맥주로 유명한 도시이기에 여기저기 맥주통이 있는 바가 많다. 오죽하면 '세상에서 가장 긴 바'라는 별명을 가지고 있을까.

하이네가 18세까지 살았던 하이네의 생가는 제2차 세계대전시에 파괴되어 1959년에 재건축을 하였다. 이후 한동안 맥주집이자 레스토랑으로 존재해왔다. 하이네 서거 150주년을 맞이하여 2006년에 대대적인 뒤셀도르프 시청의 적극적인 사업이 이루어진다. 출판과 문학계의 큰 손이었던 뮐러 앤 붬 Müller & Böhm 부부와의 협업으로 새롭게 하인리히 하이네 하우스 heinehaus로 다시 세상에 등장한다. 뮐러 앤 붬 부부는 '문화적 충격'이라며 그 당시를 회고한다. 세상에서 가장 긴 바가 있는 거리에서 문학의 꽃을 피워 낸 하이네 하우스가 되살아난다는 것의 의미를 역설한 것이다.

17세기 건물인 하이네 생가는 21세기 초반에 이르러 도시 내 문학 카페이자 문학서적 전문서점으로서의 기능을 충실히 하고 있다. 서점 앞에는 이곳의 역사적 가치와 의미를 전달하는 커다란 이정표가 있다. 하이네 하우스로 다시 태어난 후 이 곳에서는 2주마다 저녁에 동시대 문학을 주제로 워크숍을 갖는다. 서점 안으로 들어가면 비밀의 뜰 같은 곳이 나타나고 건물 안 쪽에서 다양한 문학 강의와 토론회가 열린다. 사회와 문화 간 정책에 관한 토론을 하며 때로는 체임버 콘서트를 열어 문학과 예술에 대한 목마름을 해갈할 수 있다.

하이네는 오랜 세월 동안 저 세상에서 무척이나 외로웠을 게다. 고향에도 돌아가지 못한 망향자의 서글픔 속에 제 이름을 잃어버린 자의 고독과 슬픔으로 묻혀 지내던 시절에 대한 보상이 뒤늦게나마 이루어지니 다행이고 감사하다. 하이네 하우스에서 문학을 사랑하는 이들이 받을 위로와 감동이 무척이나 궁금하다. 외로움의 끝에서 만나는 또 다른 외로움의 성지에서 문학을 이해하는 공간이 너무나 아름답다. 그 옛날 이 뜰에서 행여 하이네와 슈만과 클라라가 만나서 시와 음악과 인생을 담론 하지 않았을까라는 상상만 해도 가슴 벅차다. 문학 카페로 다시 태어난 이후 여기서 작가들의 강연회와 낭독회가 이루어졌다. 기회가 되면 가보고 싶다. 비록 독일어를 알아듣지 못하지만 그 향취에는 취할 수 있을 것 같다. 서점 내 서가에 중간중간 책갈피처럼 꽂혀있는 수많은 사람들의 독사진은 어쩌면 여기서 발표회를 가진 작가들이지 않을까라고 조심스레 점쳐본다.

또 다시 뒤셀도르프에 간다면 이 서점에 더 오래 머물 것이다. 처음 갔을 때처럼 어색해서 쭈뼛한 모습으로 서성대지 않고 마치 알고 있는 단골 서점 인양 뜰에도 저벅저벅 걸어 들어갈 것이다. 서

17세기 건물인 하이네 생가는 21세기 초반에 이르러서는
도시 내 문학 카페이자 문학서적 전문서점으로서의 기능을 충실히 하고 있다.

하인리히 하이네의 생가가
서점과 문학카페로

하이네는 프랑스 7월 혁명 이후 파리로 망명하였고, 고향 뒤셀도르프를 그리워하다 결국 몽마르뜨 공동묘지에 안착했다. 하이네 서거 150주년을 맞이하여 2006년 뒤셀도르프시와 뮐러 앤 뵐 부부의 협업으로 새롭게 하인리히 하이네 하우스로 탄생했다. 맥주로 유명한 도시에 문학의 꽃을 피웠다.

점 주인과 의사소통이 어렵겠지만 문학적 감수성으로 무장한 채 떠듬떠듬 뭔가 이야기를 나눠볼 것이다. 그리고 내게 강연회와 콘서트가 열렸던 장소에서 고요한 시간을 가질 수 있다면 난 그때 하이네에게 말을 걸 것이다.

'순수 위에서 피어난 저항의 꽃이 아름답죠? 그 아름다움을 지금은 어떻게 채색할 것인가요?'

내가 사랑한 윤동주 시인의 삶이 살짝 겹쳐진다. 순수와 저항을 한 몸에 품고 몸속 깊이 문학의 사리를 만들어 낸 그들이 그립다. 순수가 아름답고 강하다는 것은 알겠다. 하지만 순진 무구성만 비축해서 이 세상을 살아가는 것은 위험하다. 더 무서운 세상이 순수를 잠식하여 숨통을 조일 것이다. 두 얼굴 또는 세 얼굴 네 얼굴을 가진 야누스 세상에서 순수를 무기로 삼고 똑바로 쳐다보며 걸어가야 할 나날들이 많을 것이다. 그때마다 하이네가 말을 걸어줄 것 같다. 특별히 멋지지도 예쁘지도 않고 고서점의 분위기도 없는 다소 밋밋한 외모를 가진 이 서점에서 난 그렇게 저자와의 대화를 나누고 싶다.

3장
런던 최고(最古) 서점과
최대(最大) 서점의 향기

후각에 민감한 동물들이 있다. 냄새를 맡는 세포가 200만 개나 가지고 있다는 개를 비롯하여 개만큼 혹은 개보다 더 뛰어난 후각을 가지고 있다는 개미, 냄새로 새끼를 구별한다는 돼지에 이르기까지 동물들에게 후각은 세상을 분별하고 자신을 지키는 촉인 것이다. 동물들은 책을 어떻게 기억할까? 동물적인 감각으로 책을 찾아가는 이들이 있다면 그들은 필시 런던으로 향할 것 같다. 런던에는 다양한 향을 지닌 다양한 색을 가진 개성이 많고 전통이 깊은 서점들이 도처에 널려있기 때문이다.

큰아이와 함께 런던 여행을 하게 되었다. 열두 살을 맞이하는 생일선물로 엄마와의 단둘이 떠나는 추억여행이다. 언젠가 한 번은 런던아이 London Eye를 꼭 타고 싶다고 말하는 첫째의 소원을 들어줄 수밖에 없었다. 나도 장녀이었기에 맏이만이 느끼는 애로사항이 있다는 것을 짐작한다. 하지만 다른 동생들과 부대끼는 순간순간마

런던 최고 서점과 최대 서점의 향기

다 첫째 아이에게 초점을 맞출 수는 없었다. 언제나 큰 아이에게 미안함과 고마움이 가득하다. 그런 첫째 딸과 하루종일 같이 지낸다는 것은 기억에서조차 사라졌을 시간 - 태어난 이후 동생을 맞이하기까지 엄마 아빠의 사랑을 독차지 한 나날들 - 에 대한 아련한 탐색놀이였을 듯하다.

런던의 대표적인 책방거리인 챠링크로스에 가지 못한 것이 두고두고 아쉽다. 꼬박 채운 1박 2일 동안 가고 싶은 곳에서 하고 싶은 일을 하기에는 여러모로 벅찼다. 마치 48시간 동안 미션을 수행해야 하는 것처럼 부지런히 뛰어다니고 먹는 것도 후딱 먹고 바삐 움직인 여행이어서 더 기억에 남았는지도 모른다. 지금도 그때를 추억하며 큰 아이와 웃는다. 아이에게서 웃는 모습을 보는 그 순간을 담아 액자에 넣고 싶을 만큼.

피카딜리 서커스 역은 어떤 평계를 대서라도 지나치면 안 되는 곳인가 보다. 어딜 가나 런던 시민들과 여행객들이 넘쳐나지만 이른 아침부터 밤늦게까지 그곳에는 언제나 사람 파도가 넘실댄다. 익숙한 우리나라 기업의 로고가 그 큰 빌딩 꼭대기에서 반짝거리고 수많은 네온사인의 조명들이 오랜 건물에서 뿜어져 나오는 루미나리에가 펼쳐지는 곳이다.

유럽 최대의 서점이라는 별칭에 어울리는
워터스톤즈 Waterstones 서점

워터스톤즈 서점은 도저히 안 들어가고는 배길 수 없는 포트넘

워터스톤즈 서점은 포트넘 앤 메이슨 옆에 당당하게 서 있는 대형 체인서점이다.

앤 메이슨 옆에 당당하게 서 있는 대형 체인 서점이다. 영국을 비롯하여 네덜란드, 아일랜드, 벨기에 등 283개의 지점을 가지고 있다. 총 7층으로 되어 있는 워터스톤즈 서점에 들어서자마자 부슬비 맞고 돌아다니며 움츠렸던 우리의 몸과 마음이 이완되기 시작했다.

 책 구경과 서점 구경이고 뭐고 일단 안락함과 휴식이 필요했다. 망중한을 누리고 싶었던 것이다. 자연스럽게 발동되는 서점 탐색 기능을 정지시키고 하루의 고됨을 날려버리는 시간을 가지니 정말 좋구나라는 말만 내뱉는다.

 다른 사람도 그런 것 같다. 서서 책을 읽는 사람도 있고 적당한 의자나 소파를 찾아 느긋하게 책을 보는 사람도 있다. 간간히 자신이 원하는 책을 찾아 부지런히 왔다갔다 하는 사람도 있다. 예쁘고

런던 최고(最高)
서점과 최대(最大)
서점의 향기

앙증맞은 캐릭터 상품이나 팬시 물품에 관심을 보이고 물건을 들었다 놨다 하는 사람도 있다.

종종 책을 보는 사람들을 물끄러미 쳐다보면 이유 모를 위안을 얻게 되는 때가 있다. 지금이 그러한 때인가 보다. 전혀 알지 못하는 사람에게서 도전도 받고 위로도 받고 심지어 연대감도 느낀다. 당사자는 모르는 채 이루어지는 공감대이다. 그러면서 다시금 겸허해진다. 딸아이 역시 쉬고 있었다. 힘들었나 보다. 사는 게 힘든 만큼 노는 것도 힘들고 쉬는 것도 힘들다는 것을 어렴풋이 알아가나 보다.

도서관이나 서점이 요즘은 복합 문화공간으로 주목받고 있는 것이 추세다. 이미 그런 추세로 움직였겠지만 최근 들어 그러한 현상이 더 두드러지는 것 같다. 한편으로는 단순함으로의 회귀도 조심스레 이루어지겠다는 생각도 든다. 단순함과 복합적인 것은 욕구의 양면성을 드러내는 통로가 되기도 하나보다. 모든 것을 망라한 곳에서 단순함을 발견하고 기뻐하며 단순함 속에서 모든 것을 포함한 복합성을 깨닫기도 하니 말이다.

워터스톤즈 서점이 그러했다. 모든 것을 갖춘 거대한 책 백화점 같은 서점이었지만 결국 내가 원하는 단순한 욕구 하나 채우니 나머지를 모두 누리게 되는 곳이었다. 은은한 향을 맡으며 잠시 동안의 여유를 누리고 싶었던 곳에서 다른 시각적인 자극과 청각적인 즐거움까지 덤으로 얻었으니 이보다 더 좋은 것이 있으랴!

여느 대형 체인 서점처럼 근사했다. 층층마다 감탄을 하며 다니

워터스톤즈 서점은 모든 것을 갖춘 거대한 책 백화점 같은 서점이었지만 내가 원하는 단순한 욕구 하나 채우니 나머지를 모두 누리게 되는 곳이었다. 이 책을 마무리하는 시기에, 2018년 4월 26일 미국 헤지펀드 엘리엇 어드바이저의 영국 자회사에 매각하기로 합의했다는 뉴스를 접했다.

는 것도 이젠 습관 같다. 매번 새롭게 맞이하는 좋은 습관이다. 단 비교하지 않는다. 다른 곳에서 받았던 감동은 지우고 새로 시작하는 감동 이야기를 만든다. 꼭대기 층에서 바라본 런던시내 야경도 잊지 못할 것 같다.

런던 최고
서점과 최대
서점의 향기

워터스톤즈 서점은 여느 대형 체형 서점처럼 근사했다.
그러나 내가 서점을 보는 관점은 다른 서점과 비교하지 않는다는 것이다.

    언제나 지금의 나는 생전 처음 맞이하는 나 자신이다. 오늘은 그 경이로운 시간을 딸아이와 함께 할 뿐이다. 우리 둘은 모처럼 여유롭게 이 책 저 책 뒤적거리며 담소를 나누었다. 무슨 이야기를 나누었는지 기억은 나지 않지만 그때 우리를 감싸고 있던 여유로운 향기는 오랫동안 잔향으로 내 삶 주변에 머물러 있었다.

    바삐 살아가는 사람들에게 여유를 선사해주는 서점이 고맙다. 책도 그렇게 읽어야 한다. 한 줄 읽고 묵상하고, 한 문장 읽고 가슴을 내리치고, 한 장 읽고 머리를 긁적이기도 해야 한다. 그런 여유

없이 책을 읽으면 체한다. 뭘 읽었는지도 모른다.

유럽 내에 손꼽히는 애서가들이 모여있다는 런던. 오후의 차 한 잔을 소중히 여기고 정원관리에 공들이는 그들의 습관은 책을 대하는 습관에도 영향을 미친다. 수많은 관광자원과 문화유산을 가지고 있는 런던에 크고 작은 서점이 도대체 얼마나 있는지 모를 정도로 많다. 100여 개는 족히 넘고도 남는다. 작은 서점들이 도산하고 사라진다는 안타까운 소식도 듣지만 그래도 여전히 그 자리에서 생명을 유지하는 서점이 많다. 여전히 책을 사랑하는 이들을 끌어모으는 자기장이 형성된 도시다. 괜히 세계 독서율 1위의 민족이라는 영광이 주어진 것이 아니다.

220년이 넘은 장수 서점 해저즈 Hachards

포트넘 앤 메이슨 매장을 사이에 두고 또 하나의 명문 서점인 해저즈 Hatchards가 있다. 수많은 런던 내의 다른 서점에서는 결코 볼 수 없는 것이 있다. 차분하고 세련된 네이비 색상의 외관을 가지고 있는 서점 안에서는 역사의 향기가 솔솔 풍겨 나온다. 반짝반짝 금장이 들어간 왕실 문양이 보인다. 1797년부터 220년 넘게 존재해 온 위엄을 여실히 보여주는 문양이다. 왕실의 후원을 받고 있는 영광과 위엄을 드러내 보인다. 그래서 이곳은 서점이자 그 자체가 박물관인 것이다. 왕실에 책을 조달해주는 허가증을 받은 곳으로 엘리자베스 여왕과 필립공이 후원해주는 영예의 전당이다. 오랜 역사만큼 100년 이상 된 서적부터 시작하여 최근 서적까지, 책을 전시하

포트넘 앤 메이슨 매장을 사이에 두고 220년의 역사를 지닌 해저즈 서점이 있다.

는 책장과 군데군데 걸어놓은 액자는 앤티크 가구이며 바닥에 깔려있는 카펫도 어느 왕궁에 와 있다는 착각을 하게 만든다. 오래된 나무향을 맡을 수 있는 계단과 책장을 넘나들며 서점 안을 배회하는 것이 시간여행을 하는 셈이다. 전설로 남게 된 책 표지를 포스터로 만들어 놓은 것도 있고 갖가지 문구로 재탄생된 책을 소재로 한

오랜 역사만큼 100년 이상 된 서적부터 시작하여 최근 서적까지, 책을 전시하는 책장과 군데군데 걸어놓은 액자는 앤티크 가구이며 바닥에 깔려 있는 카펫도 어느 왕궁에 와 있다는 착각을 하게 만든다.

아트용품 그리고 책 향기와 나무 향기를 상큼하게 맡도록 해주는 은은한 꽃 향기까지.

   도저히 사랑하지 않을 수 없는 서점이다. 런던에서 만난 이 서점은 향으로 기억될 것이다. 그 향을 다른 이들도 좋아하기에 더욱 멀리 가는 향기가 되는 서점이 되길 꿈꾸어본다.

런던 최고^{最高}
서점과 최대^{最大}
서점의 향기

4장
파두의 선율을 닮은 듯한
리스본의 서점들

포르투갈은 책을 사랑하는 사람들에게 최상의 여행지

리스본행 야간열차를 타고 싶었다. 그러나 베른에서 출발하는 리스본행 직행 야간열차는 존재하지 않는다. 이런저런 이유로 야간열차는 타지 않고 리스본행 새벽 비행기를 타게 되었다. 그래도 좋다. 사랑하는 둘째 딸과 함께.

7개의 언덕길을 오르내리다 보면 노란색 트램이 덜커덩거리며 달리는 모습을 수차례 보게 된다. 여러 번 볼 때마다 매번 새로움으로 반가움으로 쳐다본다. 리스본은 괜스레 찰지게 느껴진다. 산동네에서 태어나 어린 시절 수많은 오르막길을 뛰어

파두의 선율을 닮은 듯한
리스본의 서점들

다니던 기억 때문인가? 적당히 지저분하고 적당히 낡아버린 빛바랜 색채의 도시가 거부감 없이 원래 내 입맛이었던 것처럼 내 시야에 착 달라붙는다. 사람들도 유럽 사람 같은 느낌이 별로 안 든다. 멋쟁이도 많지만 꼬질꼬질해 보이는 아줌마 아저씨도 정겹고 지나치게 친절하지도 않으면서 지나치게 무뚝뚝하지 않은 리스본 사람, 얼추 우리 입맛에 맞는 음식, 우리말인 줄 알고 사용했던 '빵'이란 단어도 어원이 포르투갈어였다는 사실조차 원래부터 아는 사람인 양 편안함으로 다가오게 만든다.

바이샤 시아두 Baixa Chiado 역에 내려 처음 마주한 리스본 풍경은 신나는 음악과 함께 환호하는 광장의 사람들로 채워졌다. 한껏 흥이 돋아난 그 열광의 현장은 비보이들의 신나는 공연이 있었기 때문이다.

일단 숙소부터 찾아가자는 나의 제안과 상관없이 둘째 딸은 그 공연에 빠져들었다. 나도 이제 늙었나 보다. 그냥 딸처럼 신나게 어우러지고 즐기면 되는데, 저 돌바닥에 머리 박고 춤추면 안 아픈가? 걱정부터 앞선다. 아무래도 엄마가 된 내 인식의 심연에는 불안과 염려 기제가 숨어있나 보다. 이런들 어떠랴 저런들 어떠랴라고 호탕한 척 살아와도 숨길 수 없는 마음이 빼꼼롬하니 튀어나올 때가 더러 있는 것을.

포르투갈은 책을 사랑하는 사람에게 최상의 여행지라는 것을 실감했다. 리스본과 포르투에 크고 많은 서점들이 있음을 알게 된

바이샤 시아두역에 내려 처음 마주한 리스본 풍경은 신나는 음악과 함께 환호하는 광장의 사람들이었다.

후 반가움과 놀라움이 교차되어 나타난다. 한때 대서양을 누비고 다녔던 해양강국이었지만 식민시대를 겪은 민족적 아픔과 서러움을 고스란히 간직하고 있는 나라라는 사실이 왠지 남의 일 같지 않게 다가옴은 씁쓸한 반가움일 테니까.

민족적인 혹은 개인의 삶 속에 스며든 상흔과 아픔은 종종 문학과 예술로 승화되어 우리에게 위로와 치유와 공감으로 재탄생되는 경우들이 많다. 리스본의 빈민 지구인 알파마 지역에서 생겨난 파두의 선율은 아마도 그런 슬픔과 한(恨)과 절망과 희망의 심상이 버무려져 쏟아내는 운율일 게다.

포르투갈어로 운명을 뜻하는 '파두'는 포르투갈 전통음악이다. 18세기에 리스본 알파마 뒷골목에서 시작된 음악으로 사람의 힘으로는 바꾸기 힘든 운명에 대한 좌절과 이에 따른 갈망을 절절히 표현한 것으로 알려졌다. 마치 우리나라 아리랑처럼 민족적인 한과 정서가 녹아있는 음악이다. 우리나라와 멀리 떨어진 그곳에서 왜 우리 것과 같은 노래를 듣고 싶었는지 모르겠다. 여흥을 즐기고 탐

포르투갈어로 운명을 뜻하는 '파두'는 포르투갈의 전통음악이다.

닉해도 모자랄 여행길에서 왜 민족적 영혼 흔히 말하는 소울^{soul}이 담긴 가락을 듣고 싶었는지.

 어쩌다 보니 알파마 지역과 시아두 지역을 샅샅이 돌아다니게 되었다. 튼튼한 둘째 딸과 함께 다리 아픈 줄도 모르고 부지런히 돌아다니며 여행의 맛과 멋을 즐기고 있었다. 우리 한 번 파두 들어 볼까? 라고 물어보고 싶었지만 아이와 듣기에는 너무 늦은 시간에 공연이 진행되어 망설였다.
 결국 파두 공연은 보지 못했다. 코임브라에서도 리스본에서도 파두의 선율을 들어보지 못했다. 언젠가 들을 날이 오겠지? 엄마의 역할 속에 정작 엄마인 나 자신의 숨겨진 바람은 종종 뒷걸음쳐져 가는 것을 둘째야 너는 아직 모르지?

1732년에 개점한 세상에서 가장 오래된 서점

버트란드 Betrand

세상에서 가장 오래된 서점 버트란드 Betrand가 거기에 있었다. 리스본 까몽이스 광장 입구에 카페 브라질리아 Cafe Brasilia라는 유명한 카페가 있다. 이 카페 앞에는 모자를 쓴 중년 남성이 앉아 있는 모양의 동상이 하나 있다. 너 나 할 것 없이 모두 이 중년 남자와 함께 사진을 찍는다. 그의 발 앞에는 페르난도 페소아라는 이름이 쓰여 있다. 리스본은 페소아의 도시임을 리스본 시내를 조금만 주의 깊

리스본 까몽이스 광장 입구에 카페 브라질리아라는 유명한 카페가 있다. 이 카페 앞에는 모자를 쓴 중년 남성이 앉아 있는 모양의 동상이 하나 있다. 그의 발 앞에는 페르난도 페소아라는 이름이 쓰여 있다.

파두의 선율을 닮은 듯한
리스본의 서점들

게 다녀보면 알 수 있다. 여기저기 페소아를 기념하는 흔적을 어렵지 않게 발견할 수 있다.

《리스본행 야간열차》소설과 영화 때문에 얼핏 알게 된 페소아는 포르투갈이 사랑하는 작가이다. 생전에는 그의 책이 한 권만 출간되었지만 사후에 발견된 작품이 너무 방대하여 아직까지도 출판이 이루어진다는 전설적인 작가이다.

잘 몰랐지만 리스본을 어슬렁대다 보니 괜히 아는 척하게 되는 작가였다. 나중에 그의 대표적인 작품인 《불안의 책》을 접하면서 왜 그토록 포르투갈인들이 사랑했는지 이해하게 되었다. 책 한 쪽 한 쪽 읽어가며 공감하고 곱씹어보게 되는 걸작이다. 포르투갈에 있는 모든 서점에 페소아의 책이 있다고 해도 절대 과장이 아니다.

과연 그러하였다. 밤이나 낮이나 사람들이 모여드는 시아두 Xiado 지역을 거닐다가 푸른빛의 아줄레주 벽을 끼고 자랑스러운 기네스월드 레코드 증명서가 보란듯이 걸려있는 서점 하나를 발견했다. 처음에는 예술가들의 만남의 장소였다는 이 서점에서 페소아의 책을 보고만 것이다. 최고의 포르투갈 문학 작품을 엄선하여 전시한다는 서점, 때때로 정치 토론회도 열리고 여느 주요한 서점처럼 굵직한 문화적 행사가 이루어지는 권위 있는 '버트란드'라는 서점이다. 1732년에 개점한 세상에서 가장 오래된 서점이라는 것이 믿기지 않을 만큼의 정갈한 서점. 1755년 대지진 때 파괴되어 지금의 장소로 옮겨 다시 우뚝 서 있는 서점이다. 50여 개에 이르는 분점을 거느리고 있는 위풍당당한 서점이다.

1732년에 개점한 포르투갈의 버트란드 서점

파두의 선율을 닮은 듯한
리스본의 서점들

버트란드는 1755년 대지진 때 파괴되어 지금의 장소로 옮겨 50여 개의 분점을 거느리고 있는 서점이다.

　　내가 버트란드 서점에 방문했을 때는 1월 초였기에 밖은 여전히 크리스마스 배경을 그대로 간직하고 있었다. 하지만 서점 안에서도 그러한 분위기는 농후했다. 성탄절과 어울리는 푸근함과 가슴설렘을 충족시켜줄 장치가 숨어 있었다. 창업자인 버트란드Betrand의 사진과 서점의 역사가 요약되어 있는 안내문이 있는 것과 앤티크한 가구들을 제외하고는 이 서점이 18세기부터 존재해왔다는 것을 믿을 수 없었다. 그동안 꾸준한 보수가 잘 이루어져 왔나 보다. 그 마음 씀씀이가 감동으로 다가왔다. 아예 모든 것을 새롭게 리모델링한 것이 아니라 매일매일 세심하게 관리했다는 이야기다. 과거를 담아내면서도 현재를 동시에 보여주는 것이다.

버트란드 서점은 어제도 오늘도 여전히 그곳에서 책을 들추어보는 이들에게 사색을 선물하고 문화를 파는 책방이었던 것이다. 변함없이 오늘도 영속적인 시간의 한 시점에서 책세상을 꿈꾸는 훌륭한 공간이다.

안으로 들어갈수록 어떤 보물이 나올까를 자연스럽게 기대하게 되는 동굴 같은 서점 내부의 구조가 아름답다. 나만의 보물을 발견한 것 같은 희열 속에 그 순간을 문 닫고 잠그고 싶었다.

버트란드는 과거를 담아내면서도 현재를 동시에 보여준다.

파두의 선율을 닮은 듯한
리스본의 서점들

하늘을 나는 하얀 자전거
그리고 리브라리아 레르 데바가르 Livraria Ler devagar

자전거의 나라 네덜란드에 살다 보니 자전거는 교통수단이 아니라 신발이라는 생각을 종종하게 된다. 신발은 그렇다면 양말이다. 비가 오나 눈이 오나 바람이 부나 햇빛이 내리쬐든지 언제나 자전거를 타고 다니는 사람들에게 혀를 내두른 적이 많다. 어디 나가려면 으레 자전거부터 챙긴다. 배고프면 밥을 먹듯이 움직이려면 무조건 자전거를 챙긴다. 걷거나 뛰는 시간보다 자전거에 매달려 있는 시간이 곱절로 많을 것이라는 것은 오랜 시간 관찰한 사실이다.

매일 그렇게 자전거를 타고 다니면서도 자전거를 타고 싶다고 말하는 둘째도 어느덧 네덜란드 사람이 되어가나 보다. 그런 둘째와 함께 찾아간 서점에 들어서자마자 마치 영화 속으로 뛰어든 기분을 느낀 딸아이의 모습을 보니 피식 웃음이 나왔다.

하얀 자전거를 탄 하얀 소녀.

그 소녀처럼 자전거를 타고 날아가고 싶은 나의 둘째 딸.

'천천히 읽다'라는 뜻을 가진 리브라리아 레르 데바가르 서점의 이름이 소녀가 자전거를 탄 풍경과 연결되기에는 시간이 좀 걸렸다.

부지런히 페달을 밟고 달려야 하늘을 날 수 있는데…

벨렘 지구 근처의 알칸타라 지역에 엘엑스 팩토리 Lx Factory는 19세

리브라리아 레르 데바가르 서점에 전시되어 있는 하늘을 나는 자전거는 이탈리아 예술가인 페에트로 프로세르피오의 작품이다. 오갈 데 없이 버려진 자전거를 하얗게 칠하여 예술이라는 생명을 입혔다.

파두의 선율을 닮은 듯한
리스본의 서점들

기부터 존재해 오던 삭막함이 감도는 방직공업단지였다. 2008년에 재개발이 이루어지면서 뜻있는 문화인들이 공동 경영하며 일구어 낸 복합 문화공간이 바로 엘엑스 팩토리이다. 여기에는 디자인 숍, 갤러리, 서점, 카페, 레스토랑, 공연장 등이 있다. 단지 전체가 미술 전시장 같다. 익살스럽고 용서해줄 수 있을 만큼 재치가 넘치는 기괴한 벽화가 그려져 있다. 벽화만 구경해도 시간이 모자란다.

늘 느끼지만 기존의 건물들을 무조건 철거하지 않는 이들의 창의적인 보존 노력에 박수를 보낸다. 그러면서 동시에 우리나라의 현실을 떠올리지 않을 수 없다. 오래된 건물들은 일단 철거를 하고 경제 개발이란 명목 하에 재건축을 한다. 문화적 역사적 가치의 여부보다 당장의 이익을 취하는 행태에 안타까움을 느낀다. 분명히 어딘가에 사라져 가는 우리 옛것들을 지키려고 노력하는 이들이 많을 것이다. 그렇지만 매번 한계를 보이는 현실에 내키지 않는 인정을 할 수밖에 없는 현실이 못내 속상하다.

따사로운 햇살 속에 불편한 내 마음을 숨기고 기분 좋은 눈흘김을 해가며 엘엑스 팩토리를 돌아다니며 구경했다. 중간쯤에 이르러 여기가 레르 데바가르 서점인가 싶어서 들어가 보았다.

하늘을 나는 자전거는 이탈리아 예술가 피에트로 프로세르피오 Pietro Proserpio의 작품이다. 오갈 데 없이 버려진 자전거를 하얗게 칠하여 예술이라는 생명을 입혔다. 그래서인지 이 서점에 들어오는 이들은 저마다 책보다 자전거에 눈길을 준다.

리브라리아 레르 데바가르 서점은 원래 인쇄소였다.
1973년 포르투갈의 신문 〈에스프레소〉 제1호를 찍어 낸 기념비적인 장소이다.

    하늘을 나는 자전거. 상식을 벗어난 상상이지만 재미있다. 이루어지지 않더라도 잠시만의 꿈을 꾸겠다는 열망을 불러일으키는 작품이다.
    흥미로운 것은 여기에 그치지 않는다. 철제 난간을 붙잡고 2층으로 올라가면 프로세르피오가 15년동안 완성했다는 기계장치가 장착된 입체 작품도 감상할 수 있다. 골동품 전시장 같기도 하고 시간 박물관 같기도 한 공간은 그 자체가 세피아톤의 색을 발하는 도화

지였다.

이 서점은 원래 인쇄소였다고 한다. 1973년 포르투갈 신문 〈에스프레소〉 제 1호를 찍어낸 기념비적인 장소이다. 다음 해에 무혈혁명 '리스본의 봄'과 연관이 있는 신문이다.

혁명, 자전거, 천천히 읽기, 복합 문화공간, 이 네 가지 화두를 한꺼번에 받아들이기까지 시간이 걸린다. 기본 도서를 갖춘 서점을 만들겠다고 나선 이들이 가꾼 책 공간이다. 그곳에는 도서만 있는 곳이 아니었다. 자전거를 타고 하늘을 날아다니는 몽상가들이 혁명의 숨고르기를 할 수 있는 곳이다. 단시간에 이루어지지 않는다. 오랫동안의 충분한 숨결이 필요한 곳이다. 한 번쯤 주말에 와서 새벽 2시까지 제멋대로 상상할 수 있는 이런 곳에서 책을 읽어 내려가고 싶다. 그때에는 나도 페소아처럼 또 다른 페르소나를 가지고 말이다.

"사실 인생을 결정하는 극적인 순간은 종종 놀라울 정도로 사소하다. 엄청난 영향을 끼치고 삶에 새로운 빛을 비추는 일은 조용히 일어난다."
- 〈리스본행 야간열차〉 영화 자막 중에서 -

"하루가 다음날로 넘어갈 때 전날 있었던 일들을 칠판에서 모두 지우고 감정의 처녀성의 영원한 부활을 경험하며 새벽마다 새사람이 되는 것, 바로 이것만이, 불완전하더라도 지금의 우리인 존재가 되기 위해 해볼 만한 일이고 될 만한 일이다. 지금 이 새벽은 세상에서 처음 맞는 새벽이다."

- 페르난두 페소아,《불안의 책》중에서 -

"나는 끊임없이 인물들을 만들어 낸다. 꿈 하나가 시작되면 바로 한 인물이 나타나고, 그 꿈은 내가 아니라 그 인물이 꾸는 꿈이 된다."

- 페르난두 페소아,《불안의 책》중에서 -

사랑하는 둘째와 어쩌면 새벽 비행기를 탔던 것은 우연을 가장한 필연이었나 보다. 너와 내가 둘이서 처음 맞는 새벽을 경험하기 위한.

5장
전통과 아름다움으로 시작한
서점의 변화

포르투 렐루 서점엔 뭐가 있는데요?

라오스엔 대체 뭐가 있는데요?

당돌한 이 질문에는 여행자의 여행심리를 대변하는 강력한 무엇인가가 숨겨져 있다. 라오스에 가고 싶은 마음보다 이렇게 말하는 저자의 생각과 느낌을 먼저 여행하고 싶은 마음이 더 들었다. 당연히 책을 파고들게 된다.
단순하게 라오스에 대한 글이겠거니 하는 지레짐작은 무색해졌고, 라오스 이외 여러 장소에 대한 호기심이 꿈틀거리고 있음을 인정한다. 그래도 라오스의 내용이 제일 궁금해서 라오스 편부터 읽어 내려가기 시작한다.

"라오스(같은 곳)에 대체 뭐가 있는데요?"라는 베트남 사람의 질문에 나는 아직 명확한 대답을 찾지 못했다. 내가 라오스에서 가져온 것이라고는, 소소한 기념품 말고는 몇몇 풍경에 관한 기억뿐이다. 그러나 그 풍경에는 냄새가 있고, 소리가 있고, 감촉이 있다. 그곳에는 특별한 빛이 있고 특별한 바람이 분다. 무언가를 말하는 누군가의 목소리가 귓가에 남아 있다. 그때의 떨리던 마음이 기억난다. 그것이 단순한 사진과 다른 점이다. 그곳에만 존재했던 그 풍경은 지금도 내 안에 입체적으로 남아 있고, 앞으로도 꽤 선명하게 남아 있을 것이다.
- 무라카미 하루키,《라오스엔 대체 뭐가 있는데요?》중에서 -

그런 풍경들이 구체적으로 어떤 쓸모가 있을지는 아직 알 수 없다. 결국은 대단한 역할을 하지 못한 채 한낱 추억으로 사라져 버릴지도 모른다. 그러나 원래 여행이란 그런 것이 아닐까. 인생이란 그런 것이 아닐까.
- 김훈,《풍경과 상처》중에서 -

루앙프라방에 가보지 못한 나에게 루앙프라방에 대한 설렘과 기대보다 여행이란 것에 대한 흩날리는 생각들을 조심스레 모아주는 무라카미 하루키의《라오스엔 대체 뭐가 있는데요?》. 여기에 슬쩍 김훈의《풍경과 상처》와 겹치면서 나의 감상은 펼쳐져 간다.

어느 순간부터 여행지의 기념품을 사오지 않게 되었다. 짐이 많아지는 부담감과 웃돈을 주고 사는 것 같은 기분도 싫을 뿐더러 보관과 관리가 생각보다 녹록치 않다는 것을 안 이후에 생긴 소소한 습관이다. 대신 풍경을 담아내는 것에 주력하게 되었다. 함께 동행했던 이와의 대화에 집중하고 그 순간의 느낌들을 간직하고 기억하고자 애썼다. 추억을 쌓아가고 추억을 만드는 것이 더 의미 있다는 결론을 낸 행위들이다. 어차피 내 무덤에 그 물건들을 다 싸가지고 가는 것이 아니라는 처연한 사실 앞에 단순한 삶을 살기로 한 맹세 같은 삶에 어울리는 적용이었는지도 모른다.

포르투 렐루 서점이 라이너 모리츠가 소개해 준 유럽의 명문 서점 중의 하나라는 명성은 거저 생기지 않았겠지라는 막연한 기대와 최근 포르투갈 여행에 대한 폭발적인 관심에 힘입어 나도 그곳을 향하게 되었다. 이내 곧 포르투갈은 책을 사랑하는 사람에게는

포르투시의 명소인 도우루 강가로 가는 길

전통과 아름다움으로 시작한
서점의 변화

더없이 매력적인 특별한 냄새와 소리와 감촉과 바람이 부는 곳임을 그곳에 가보니 절로 느껴졌다.

포르투갈에는 둘째 딸과 함께 한 특별한 여행이었다. 먹는 것을 유독 좋아하는 둘째와 오랜만에 단둘이서 맛난 음식을 먹겠다는 포부를 가지고 떠난 여행, 화려한 먹거리가 있는 스페인의 옆 나라, 스페인보다 훨씬 먹거리가 저렴한 그곳은 풍부한 매력이 넘치는 곳이다. 사랑하는 둘째에게는. 네 명의 딸들과 함께 사는 즐거움이 무척 크지만 그 안에는 무시 못할 어려움을 안고 있음을 시시때때로 느낀다. 항상 사랑과 관심에 굶주려 있는 하이에나 같다. 엄마 아빠에게서 관심과 사랑을 독차지하기 위한 본능 싸움이 시시각각 펼쳐진다. 그것을 알면서도 적절하게 대해 주는 것은 결코 쉽지 않다. 그래서 우리집의 문화를 만들어 가기 시작했다. 열두 살 생일 선물로 엄마 혹은 아빠와 '둘만의 여행'을 떠나는 것이다. 왜 하필 열두 살이냐고? 그냥 단순하다. 열두 살이 되면 성인 교통비를 받는 곳이 많기에 (네덜란드를 포함해서 유럽 곳곳에) 그쯤이 좋다고 생각했고, 중학생이 되기 전에 엄마나 아빠와 진솔한 대화를 나눌 수 있을 것이라는 기대 때문이다.

처음에 품었던 포르투갈 여행에 대한 바람은 오래된 도시 포르투에 도착하자마자 기분 좋은 삐그덕거림이 일어났다. 유럽 내 저가항공에서는 물 한 잔도 제공하지 않기에 포르투에 도착하여 포르투의 역사적인 구시가지에 도착하자마자 타는 목마름으로 물부

포르투의 역사적인 구시가지, 상벤투역에는 곳곳의 푸른 타일의 아줄레주가 아름답다.

전통과 아름다움으로 시작한
서점의 변화

상벤투 역과 포르투 렐루 서점에 가는 길목 크리스마스 트리 조명이 여전히 반짝거리는 거리

터 찾게 되었다. 의도하지 않았지만 눈에 뜨이는 맥도널드에 들어가 간단한 요기를 하고 음료수를 마셨는데 알고 보니 세상에서 가장 아름다운 맥도널드라는 곳이었다. 그런 것에 별로 얽매이지 않는 나는 곧바로 도우루 강가의 노을을 보고자 향하였다. 가는 길목에서 만난 아줄레주로 덮인 상벤투역과 포르투 대성당을 거쳐 가는 길목 하나하나에서 만나는 가슴 벅찬 감동들은 함께 한 둘째와의 소중한 순간들이었다. 모처럼 엄마를 독차지한 그 행복감에 차있는 딸아이의 모습에 사뭇 미안한 마음까지 곁들여진다.

에그타르트로 저녁을 먹으며 나누는 대화의 시간조차 애틋했다. 그동안 아이들과 함께 다니면서 맛난 것들을 거의 사주지 못한 미안함도 떠오르고. 간식과 간단한 식사를 싸가지고 다니면서 아

노을이 아름답게 지는 포르투의 명소 도우루 강

 이들과 함께 했던 시간들을 기억해내면서 엄마로서 느껴야만 하는 애상적인 시선은 눈앞에서 천진하게 에그타르트를 먹는 모습에 머물게 되면서 부드럽게 변했다.
 도우루 강가의 해 질 녘 아름다운 풍경을 눈에 가득 담아 행복감으로 충만한 상태에서 포르투 시내를 산책하며 다니는 그 시간들이 얼마나 소중한지. 그때에도 행복했고 그때를 추억하는 지금도 행복하다.

 하지만 그 행복감에 살짝 얼룩이 생긴 것 같다. 카르무 성당을 거쳐 가까이에 있는 포르투 렐루 서점을 향했다. 1906년에 생긴 아르누보 양식의 아름다운 건물에 있는 이미 유명해질 대로 유명해진 서점이다. 111년을 맞는 행사가 2월에 있었다 하니 그보다 한 달 전에 간 우리는 그래도 시간의 흔적이 켜켜이 쌓인 모습에 관심을 보였다.

서점에 들어가기 위해 매표소 건물을 따로 찾아가서 입장권을 사야 하는 번거로움, 4유로의 입장료를 내야 입장하는 불쾌감, 이 아름다운 서점의 외관과 내부 모습을 차분히 볼 수 없을 만큼 빼곡하게 들어선 사람들. 그 무리 속에 일부가 되어버린 나와 둘째 딸. 그동안 도서관이나 서점을 다니면서 느끼지 못한 사람들과의 부대낌과 불쾌감이 몰려왔다. 나 역시 다른 이에게 그런 불쾌감을 던져주는 객체가 되어있음에도 불구하고. 〈해리포터〉를 좋아하여 찾아드는 이들과 세상에서 가장 아름다운 서점이라는 타이틀에 끌려 방문하는 관광객들에게서 느껴지는 짜증은 아니었다. 대부분의 관광객들은 그렇다. 특색 있게 자신만의 테마여행을 하는 사람도 많지만 여행자의 취향은 워낙 다양하고 개인적인 것이라 뭐라 폄하할만한 것은 절대 아니다. 오히려 난 그 서점의 주인과 직원들에 대한 실망감이 더 컸다.

분명 처음부터 그러지 아니하였을 것이다. 처음부터 입장료를 받고 입장객의 수를 제한하면서 입장시키고 조직적인 관리시스템을 작동시키지는 않았을 것이다. 나름 이해한다. 책은 사지 않고 서점 구경만 하는 수많은 관광객들에게 치여 서점 본연의 기능을 되살리고자 시도한 자구책이었을 것이다. 입장권은 일종의 서점 바우처이기에 책을 구매하는 이에게 입장료만큼 할인해 주는 제도도

포르투 렐루는 1906년에 생긴 아르누보 양식의 아름다운 건물에 있는 유명한 서점이다. 서점에 들어가기 위해 매표소 건물을 따로 찾아가서 입장권을 사야 하고, 4유로의 입장료를 내야한다. 아름다운 서점의 외관과 내부 모습을 차분히 볼 수 없을 만큼 빼곡하게 들어선 사람들.

전통과 아름다움으로 시작한
서점의 변화

마련한 것을 보면 나름 이 곳은 관광지가 아니라 서점이라는 정체성을 분명히 한 것은 알겠다. 책을 사는 이보다 사진기를 들고 다니며 기념사진 찍는 이가 대부분이기에 서점 측에서도 관광객인지 서점을 찾는 사람인지를 감별하는 것에 대한 오래된 염증이 있을 것이라는 것도 이해하겠다. 그럼에도 느껴지는 아쉬움.

정치와 종교는 신성한 영역이라 간주하고 그만큼의 신뢰와 때로는 맹목적인 절대 신념을 보여 준 성역이다. 그래서 정치와 종교 영역에서 불의나 부정이 발생하면 그만큼의 저항이 일어나고 반론이 일어나며 바꾸기 위한 투쟁도 빈번하게 일어났음을 역사를 통해 알 수 있다. 사회에서 가장 썩었다는 오명을 받으면서도 절대권력의 위상을 가지면서까지 존재하는 정치와 종교의 테두리 안의 세상은 그만큼 사람들이 깨끗하고 순수한 것에 대한 열망이 얼마나 큰 것인지를 반증하는 것이기도 하다. 알면서도 속는 것에 대한 분함과 분개함의 대상이 정치이자 종교라는 것은 되려 희망을 갖는 이유이기도 하다.

그런 메커니즘으로 책세상을 바라보니 내 눈은 쾡해져 버린다. 왠지 어릴 적 소중한 추억이 얼룩져서 사라진 듯한 상실감. 둘째 딸아이는 멋도 모르고 신나해 하다가도 사람들이 많아서 앉을자리도 없고 느긋하게 책을 구경하거나 펼쳐보는 공간이 없음에 불편해한다. 자기는 원래 〈해리포터〉를 별로 안 좋아하니 괜찮다고 한다. 그러면서 한마디 거든다.

서점 홍보 애니메이션, 해리포터 내용이 나온다

"엄마 여긴 사람이 너무 많아서 답답해."

아마도 여기 온 사람들 대부분이 그렇게 느끼지만 자존심이 있으니 뭐라 자기변명을 하면서 스스로 마음을 위로할 거다. 아이러니하게도 나 역시 그런 마음일 테니.

내 안에 편견 같은 신념이 무너진 경험이었을까? 도서관은 이래야 한다. 서점은 이래야 한다. 곰곰이 생각해봐도 그건 아닌 것 같다. 처음부터 그런 신념이나 기대치가 확고한 것이 아니라 도서관을 드나들면서 자연스레 갖게 된 기분 좋은 가치관, 멋진 서점들을 경험하면서 갖게 된 하나의 미의식이었다. 도서관을 찾는 사람들의 열망과 열정에도 감동하고 서점을 드나드는 이들에게서 풍겨지는

전통과 아름다움으로 시작한
서점의 변화

방문자는 많은데 서점의 매출은 오르지 않는 고민. 내가 서점 주인이었다 해도 입장권을 바우처로 사용하게 만드는 것과 별도의 매표소와 관리 직원 제도는 충분히 생각해 낼 묘안이었을 것이다. 사진은 렐루 서점 내부.

시간을
파는 서점

책 향기가 좋았을 뿐이었다.

잠시 시간여행을 해본다.

1906년. 이 서점에 들어서면서 느껴지는 뿌듯한 마음. 아름다운 건물과 책꽂이에 더없이 잘 어울리는 책. 지적인 욕구를 충족하고자 드나드는 사람들. 거기에 아름다운 스테인 글라스로 덮여 천정에 쓰여 있는 '노동의 존엄성 Decus in Labore'이라는 문구를 읽으면서 다져지는 마음가짐. 그것이 육체노동이든 지적 노동이든. 시간이 흘러 어느 날, 조앤 K 롤링이 포르투 렐루 서점에 드나들면서 기분 좋은 상상을 하며 글을 쓰기 시작한다. 위대하게 보이는 역사적인 영감은 이리도 사소하고 가까운 곳에서 시작되는 것임을 여실히 보여주는 것이다.

〈해리포터〉가 많은 이들의 사랑을 받기 시작하면서 이곳도 역시 사람들의 관심거리가 되어간다. 소박한 서점으로 시작되었으나 찾아오는 이들이 책 구매자가 아닌 여행자로 바뀌니 당황했을 서점 주인. 방문자는 많은데 매출은 오르지 않는 고민. 내가 그 서점 주인이었다 해도 입장권을 바우처로 사용하게 만드는 것과 별도의 매표소와 관리 직원 제도는 충분히 생각해 낼 묘안이었을 것이다.

서점 입구에 현판처럼 새겨진 이 서점의 역사, 서점 내부에 보이는 설립자의 사진들을 보면 나름 자부심이 대단한 서점인 것이다. 문화가 대단한 돈벌이가 된다는 것을 일찌감치 안 유럽인들의 지극히 자연스러운 발상이다. 그런데 좀 씁쓸하다. 누군들 고민 안 했겠

느냐 싶다. 누군들 목구멍이 포도청이란 사실을 모르겠느냐 말이다. 사랑을 따르자니 돈이 울고 돈을 따르자니 사랑이 울고. 이 딜레마와 번민을 겪지 않고 살아내는 인생이 얼마나 될까. 그 딜레마의 평범성을 극복한 이들이 많지 않음에 대한 지고지순한 아쉬움이다. 마치 물들어가고 타락해가는 세상에서 적어도 정치와 종교는 깨끗하기를 바라는 마음이다. 지식을 팔고, 시대정신을 팔고, 문화를 팔고 전시하는 이 공간만큼은 오롯한 그 무엇인가가 존재하면 좋겠다는 기대감에 상처를 받은 것 같다.

포르투 렐루 서점은 이미 너무 훌륭한 서점이다. 건물 자체의 아름다움에 이끌려서 서점에 오는 이들을 탓하지 않았으면 한다. 누군가에게는 그것이 계기가 되어 서점을 사랑하게 될 테니까. 아름다운 것과 유명한 것을 찾아다니는 사람들의 마음을 값싼 호기심이라고 치부하지 않았으면 좋겠다. 그 호기심은 어쩌면 시달렸던 일상의 고됨에서 탈출하고자 하는 마음일지도 모르니까. 그 호기심에 의미를 던져주고 삶을 더 공고히 만들어 줄 수 있는 지적인 산물인 책을 파는 곳은 중심을 잡아야 할 것 같다. 특히나 이런 의미 있는 설립정신과 역사를 가진 곳이라면 지켜내는 것 또한 시대적 사명이지 않을까 싶다.

변화와 상술에 대해 충분히 이해하고 공감은 하지만 동의하기 어렵다. 더 나아가 존경하는 마음은 더욱 가지기 어렵다. 어차피 존경이란 영예는 소수만 누리게 되는 고결한 것이다.

위대함을 갈망하는 평범한 이의 하소연쯤이라고 해두자.

기대감보다 실망감과 피로감을 느낀 것에 대한 보상심리인 것 같다. 그래도 이곳에서만 채취할 수 있는 특별한 향이 있었노라고, 독특한 풍경이 있었노라며 마음을 다독여준다.

에
필
로
그

시간을 파는 서점에서 다시 일상으로

  우리나라의 국토 중 경상남북도 면적에 해당하는 작은 나라인 네덜란드에는 160여 개의 공공도서관과 1,100여 개에 작은 도서관들이 있다. 가장 가까이는 3km 반경마다 도서관이 있고 통상 15km 마다 도서관이 있다. 그리고 도시와 마을마다 많게는 30여 개부터 10여 개에 이르는 크고 작은 서점들이 있다.
  네덜란드 아이들은 태어나면서 도서관에서 북스타트 프로그램의 일환으로 제공되는 북스타트 패키지 선물을 받으며 책과 친해지는 삶을 시작한다. 아장아장 도서관을 다니면서 복합문화공간 같은 공공도서관이나 서점에 다니며 책문화를 숨 쉬듯이 접한다. 학령기에 이르면 언어교육 차원에서 학교와 도서관이 연계한 읽기 프로그램을 경험한다. 성인이 되어 사회활동을 할 때에 일상적 접근성이 높은 관공서, 각종 상가, 지하철역, 레스토랑 같은 사람들이 많이 모이는 밀집장소 주변에는 어김없이 건축미가 수려한 도서관이 있기에 그 곳에서 문화생활과 여가생활과 쉼을 누린다. 일상과 여행을 이어주는 장소인 공항, 기차역, 버스 정류장에 여지없이 도서관과 서점이 존재함을 눈으로 확인한다.

수영장에 가면 썬베드에 누워 책을 읽는 사람들. 한여름 바캉스를 즐기는 사람들이 모래사장에 파라솔 설치하고 알록달록한 담요를 깔아 놓고 책 한 권 꺼내 읽고 있다. 기차나 지하철을 타면 승객들이 책이나 신문을 보고 있는 것을 볼 수 있다. 도서관과 서점에는 언제나 사람이 많다. 인근 유럽 도시에서는 걸출한 도서전이 해마다 열린다.

네덜란드에도 책축제를 연다. 책과 관련된 축제나 이벤트가 많고 주기적으로 열리는 장터에는 언제나 중고책장터가 있다. 매년 8월 첫 주에는 한자동맹도시인 데이븐떠Deventer에서 유럽 최대 책장터가 열린다.

　네덜란드는 17세기 초 스페인의 지배에서 벗어나 독립국가로 태어나면서 여기저기에서 망명해 온 데카르트, 스피노자같은 위대한 사상가나 정치인, 경제인들이 뿌려 놓은 인문학과 철학과 문화의 씨앗들이 오랜 시간을 거쳐서 숙성된 열매를 맺어가는 참 좋은 토양이다.

　최근 네덜란드의 한 초등학교 근처 버스 정류장에 동성연인으로 분한 남자 모델들이 찍은 남성복 광고사진으로 인해 그 지역사회의 학부모, 교사, 주민들이 이 문제로 인해 수많은 토론과 논쟁을 했다고 한다. 결론부터 이야기 하면 합의 하에 그 광고판은 철수되었다. 놀라운 것은 이러한 일련의 과정 속에 토론과 논쟁이 있다.

그들은 토론을 할 줄 아는 사람들이다.

독서인구가 감소하고 종이책을 찾는 사람이 줄어드는 세계적인 추세에 네덜란드나 유럽 사람들이 역주행을 하고 있다는 이야기는 아니다. 그들 역시 세계적인 흐름을 타고 있다. 그러나 변화의 기울기가 완만하다는 것이 놀랍다. 또한 기울기를 다른 방향으로 기울이고자 하는 국가와 정부 차원의 노력이 참신한 발상과 추진력에 의해 진행되고 있다는 사실이 부럽다.

토론과 논쟁이 생활화 되어 있다는 것은 그만큼의 사유의 능력이 있고 표현의 자유가 있다는 것을 방증하는 것이다. 그러기 위해서는 시간 죽이기 수준의 정보 습득 읽기가 아닌 사색과 사유와 반성으로 나가는 깊이 있고 노련한 책 읽기가 전제되어 있어야 한다. 책 읽기가 곧 삶 읽기가 되어야 가능한 삶의 양태들이다. 반드시 책이 있는 공간만 고집하는 것은 아니다. 꼭 책만이 만병통치약이 아니기에 휴독休讀 속에서도 정독을 할 수 있는 자유로운 책 읽기의 달인이 살아가는 공간이 그저 부럽다.

서점이 줄어들고 있지만 그래도 헌책방과 책마을이 꿈틀거리고 있고, 여러 가지 창의적인 발상이 버무려져 있는 도서관들이 건재하고 있으며, 도서관과 비슷한 기능과 차별적인 역할을 하는 개성 있는 서점이 여전히 자리를 지키고 있다. 이곳을 안락한 거주공간처럼 오가는 사람들이 있는 한 그들은 자신들에게 주어지는 사회적 현안과 국가적 문제들을 서로 협의해 가며 토론하고 논쟁할 것이다. 그리 되기까지 익어가는 시간을 굳이 사야하는 것이다.

에필로그

시간을
파는 서점

글쓰면서 뒤적거린 책 목록

김현경(2015), 「사람, 장소, 환대」, 문학과지성사

라이너 모리츠(2015), 「유럽의 명문 서점」, 프로네시스

미야시타 시로(2004), 「책의 도시 리옹-잃어버린 책의 거리를 찾아서」, 한길사

발터 뫼어스(2014), 「꿈꾸는 책들의 도시」, 들녘

백창화(2011), 「유럽의 아날로그 책공간」, 이야기나무

손관승(2015), 「그림형제의 길」, 바다출판사

슈테판볼만(2012), 「책 읽는 여자는 위험하다」, 웅진지식하우스

신종락(2008), 「해외서점과 출판」, 시간의물레

정진국(2014), 「유럽 책마을에서」, 봄아필

시미즈 레이나(2013), 「세상에서 가장 아름다운 서점」, 학산문화사

제레미 머서(2008), 「시간이 멈춰선 파리의 고서점 셰익스피어 & 컴퍼니」, 시공사

페르난두 페소아(2015), 「불안의 책」, 문학동네

책에 수록된 서점 정보

네덜란드

서점 이름	기본정보	주변 관광지	여행 tip
ABC 서점	www.abc.nl 주소 Spui 12, 1012 XA Amsterdam Tel 31 20 625 5537 월 12:00-20:00 화-토 10:00-20:00 일 11:00-8:30	암스테르담의 책방거리 초입에 있다.	암스테르담에는 훌륭한 박물관, 미술관, 도서관, 서점 등이 많다. 동선과 시간사용을 고려하여 계획을 하면 좋다. 1일 교통권을 이용하면 저렴하게 이동할 수 있다.
암스테르담 시립미술관 서점 Amsterdam stedelijk museum	www.stedelijk.nl 주소 Museumplein 10, 1071 DJ Amsterdam Tel 31(0)20 662 77 64 매일 10-18:00 금 10:00-10:00		박물관 광장 주변에 볼거리가 많다. 수많은 상가, 서점도 많다.
로버트 쁘렘셀라 서점 Boekhandel robert premsela	www.premsela.nl 주소 Van Baerlestraat 78, 1071 BB Amsterdam Tel -31 20 662 4266 월 12:00-18:00 화-금 10:00-18:00 토 10:00-17:00 일 12:00-17:00	시립미술관 건너편에 있다. 같은 블록에 콘서트 허바우 concert gebouw가 있다.	
멘도서점 mendo	www.mendo.nl 주소 Berenstraat 11, 1016 GG Amsterdam Tel 31 20 612 1216 월-토 11:00-18:00 일 12:00-17:00	맞은편에 부키우키 서점이 있다.	암스테르담의 핫스팟인 나인 스트리트 구역에 있다. 주변에 멋진 디자인숍과 서점과 카페가 많다.

서점 이름	기본정보	주변 관광지	여행 tip
부키우키 서점 bookie woekie	www.boekiewoekie.com 주소 Berenstraat 16, 1016 GH 　　　Amsterdam Tel -31 20 639 0507 매일 12:00-18:00	멘토서점 맞은편	주변에 맛집과 멋진 카페가 많다.
타셴 tascen	www.taschen.com 주소 P.C. Hooftstraat 44 1071 BZ 　　　Amsterdam Tel 31-20-6627820 일 월 12:00-18:00 화-토 10:00-18:00	각종 상가와 레스토랑이 밀집되어 있다.	두 세 블록 지나면 박물관 광장 museum plein이 있다.
아키텍추라 앤 나추라 architectura & natura	www.architectura.nl 주소 Leliegracht 22-H, 　　　1015DG, Amsterdam Tel 31 20 623 6186 월 12:00-17:00 화-금 10:30-18:30 토 10:30-17:00 일 12:00-17:00		비교적 한적한 암스테르담 거리. 산책하기 좋은 아름다운 운하가 앞에 있다.
아테네이움 부칸들 athenaeum boekhandel	www.athenaeum.nl 주소 Spui 14-16 　　　Amsterdam 1012 XA Tel 020-5141460 월 11:00-19:00 화-토 9:30-19:00 일 12:00-17:30	암스테르담 책방거리 주변에 ABC 서점, 워터스톤즈 서점 등이 있다.	
스헬트마 scheltema	www.scheltema.nl 주소 Rokin 9, 1012 KK Amsterdam Tel 31 20 523 1411	담광장, 마담투소, 암스테르담 왕궁 등등 관광지가 주변에 많다.	담광장에서 가깝다. 담광장 주변의 볼거리가 가득.
부칸들 도미니카넌 Boekhandel dominicanen	www.libris.nl/dominicanen (Boekhandel Dominicanen) 주소 Dominicanerkerkstraat 1, 6211 　　　CZ Maastricht Tel 31 43 410 0010 월 10:00-18:00 화수 9:00-18:00 목 9:00-21:00 금토 9:00-18:00 일 12:00-18:00	마스트리히트의 관광지가 몰려있는 곳이다. 각종 박물관, 교회, 명품거리, 쇼핑가 등등	마스트리히트 여행을 겸하면 좋다. 볼거리가 가득한 곳이다. 벨기에와 독일로 넘어가기 좋은 위치다.
브레이더 포르트 책마을 bredevoort	www.bredevoort.nu/Boekenstad/ 관광안내소 주소 VVV Bredevoort 　　　　　　　Boekenstad 　　　　　　　Markt 8, 7126 AZ 　　　　　　　BREDEVOORT 화-토 10:30-16:00 화-토 10:00-16:00 월,토 문닫음		평소에는 한적한 책마을이다. 책장터가 열리는 날에는 여러 가지 문화행사가 많다.

서점 이름	기본정보	주변 관광지	여행 tip
반더스 인 더 브루어른 waanders in de Boeren	www.waandersindebroeren.nl 주소 Achter de Broeren 1-3, 8011 VA Zwolle Tel 31 38 421 5392 월 12:00-18:00 화 수10:00-18:00 목 10:00-21:00 금 10:00-18:00 토 10:00-18:00	이 도시의 명물인 푼다시 뮤지엄Fundatie Museum이 가까운 곳에 있다.	장이서는 날(월, 금, 토)에는 주변의 볼거리가 더 많다. 서점이외에 상가, 박물관이 주변에 있다.
판스토쿰 van stockum Boekverkopers	www.vanstockum.nl 주소 Spui 40, 2511 BS Den Haag Tel 31 70 302 8110 월 11:00-18:30 화,수 8:30-18:30 목 8:30-21:00 금 8:30-18:30 토 10:00-18:30 일 12:00-18:00		헤이그 시내 중심부에 있다. 주변에 도서관, 시청, 영화관, 카페, 각종 상가 들이 몰려있다. 헤이그의 주요 건물 마우리츠 하위스, 빈넨호프 등이 가깝다.
팩맨서점 paagman	www.paagman.nl Frederik Hendriklaan 217, 2582 CB Den Haag Tel -31 70 338 3838 월-금9:00-21:00 토 9:00-18:00 일 12:00-17:00		빈넨호프 근처와 외곽에 두 지점이 있다.
스탠리 앤 리빙스톤 stanley and livingstone	www.stanley-livingstone.eu 주소 Schoolstraat 21, 2511 AW Den Haag Tel 31 70 365 7306 월 12:00-18:00 화,수,금 10:00-18:00 목 10:00-21:00 토 10:00-17:00 일 13:00-17:00		스파우(spui) 역에서 상가 거리를 따라 걸어가면 나온다.
북하우스 Boek Huis	www.boekenplatform.nl/ boekverkopers/boekhuis-deventer 주소 Kleine Overstraat 48, 7411 JM Deventer Tel 31 570 611 912	데이븐떠의 고서점 초입에 있다.	
끄네벨 코믹스 Knibbel Comics	주소 knibbelcomics.nl Nieuwstraat 38, 7411 LM Deventer Tel 31 570 616 879 화-금 10:00-18:00 토 10:00-5:00		주변의 골목을 따라 가다 보면 중심 상가들이 보인다.

서점 이름	기본정보	주변 관광지	여행 tip
파피루스 Papyrus	www.papyrusboeken.nl Nieuwstraat 29, 7411 LG Deventer Tel 31 570 612 461		
쁘람스트라 Praamstra	www.boekhandelpraamstra.nl 주소 Keizerstraat 2, 7411 HG 　　　Deventer Tel 31 570 675 925 월-수,금 9:30-18:00 목 9:30-21:00 토 9:30-17:30 일 12:00-17:00	디킨스 축제가 있는 기간에 사람들이 많이 모이는 지역이다.	시내 중심가에 있어 주변에 카페가 많다.
헷 안티크아리아트 Het Antiquariaat ; Das Cute Ist Immer Da	www.deventerantiquariaten.nl 주소 Kleine Overstraat 33 　　　7411JH Deventer Tel 0570-644625 화-금 12:00-17:00 토 11:00-17:00		책방거리 골목에 있다
알터노트 Alternote	www.alternote.nl 주소 Kleine Overstraat 30-32, 7411 　　　JM Deventer Tel 31 570 854 666 월 13:00-18:00 화-금 10:00-18:00 토 10:00-17:00		책방거리 골목에 위치

시간을
파는 서점

독일

서점 이름	기본정보	주변 관광지	여행 tip
하이네 하우스 heinehaus	www.heinehaus.de/ 주소 BolkerstraBe 53, 40213 Tel 49-211-20054294 Düsseldorf, 개점시간 월-금 10-7시 토 10-5시(여름10-4시)	뒤셀도르프에는 유명한 건축물과 프랑크게리를 비롯한 건축가의 작품이 곳곳에 많다. 유명한 현대미술관 K20, K21이 가까이에 위치한다.	주변에 bar가 늘어서있다. 독일의 명물인 핫셴요리를 맛볼 수 있는 호프가 많다. 뒤셀도르프는 메디언하펜(항구) 주변과 명품거리가 멋지다. 한식, 일식을 먹을 수 있는 곳이 많다.
노이서 부흐 Neusser Buch- & Kunstantiquariat (neuss)	www.neusser-antiquariat.de 주소 QuirinusstraBe 7, 41460 Neuss, 독일 Tel 02131-5239551 개점시간- 월, 수-금 10:18:30 토 10-14시 화- 휴무	뒤셀도르프 인근 Neuss에는 숨겨진 명소로 알려진 Museum Insel Hombrich(홈브로이히 섬 미술관)과 랑엔재단이 있다. 미술관 나들이로 제격이다. 미술관 안이 거대한 쉼터이므로 꼭 가보는 것을 추천한다.	
후겐두벨 Hugendubel	www.hugendubel.de 주소 Kürschnerhof 4, 97070 Würzburg 49 931 61564564 월-토 9:30-20:00		독일 전역에 지점이 많다.
마이어셰 드로스테 Mayershche Droste	www.mayersche.de 주소 Königsallee 18,40212 Düsseldorf Tel 0211 / 5425690-0 개점시간- 월-토 10-20시	뒤셀도르프에 크고 작은 멋진 서점이 아주 많다. 뒤셀도르프에서 보고 즐길 수 있는 문화적 장소가 도처에 널려 있다.	명품거리와 쇼핑가 한복판에 서점이 있다. 화려한 볼거리와 각종 숍들이 많아 거리 구경만으로도 재미있다. 서점에서 보내는 시간을 넉넉히 가지면 서점 내 카페에서 주변 조망을 할수도 있다.

책에 수록된
서점 정보

프랑스

서점 이름	기본정보	주변 관광지	여행 tip
르 발 데 아르덴츠 Le Bal Des Ardents	www.lebaldesardents.com 주소 17 Rue Neuve, 69001 Lyon Tel -33 4 72 98 83 36	리옹 시내 곳곳에 벽화마을이 많이 있다. 인쇄박물관, 미니어처박물관, 콩플루앙스박물관 등 박물관과 관광명소가 많다.	프랑스제2의 도시인만큼 관광인프라가 잘 되어 있다. 론강과 손강 중심으로 다양한 볼거리가 많다. 생텍쥐페리의 고향이라 관련 관광지가 많다. 해마다 12월8일 전후에 4일 동안 빛의 축제가 열린다.
셰익스피어 앤 컴퍼니 Shakespeare & company	www.shakespeareandcompany.com 주소 37 Rue de la Bûcherie, 75005 Paris Tel -33 1 43 25 40 93	시테섬의 노트르담 성당의 오른쪽 건너편에 위치한다. 센강 주변에 노점상으로 존재하는 헌책방도 많다.	서점 옆의 달팽이요리로 유명한 식당은 언제나 인기가 많다. 주변에 먹거리가 풍부하며, 노트르담 성당 주변의 풍광이 아름다워 늘 사람들로 붐빈다. 시내 한복판이라 대중교통을 이용하는 것이 낫다.
르 블뤼에 le bleuet	www.lebleuet.fr 주소 Rue Saint-Just, 04150 Banon Tel 33 4 92 73 25 85 개점시간 매일 10-7시	프로방스 지방의 아늑하고 아름다운 마을이다. 주변이 라벤더 밭으로 둘러싸여 있다. 서점에서 나오면 라벤더 길 안내판이 있으며 길따라 가면 여러 라벤더 밭을 볼 수 있다.	본격적인 라벤더 수확시기가 이르기 전에 방문하면 서점 가는 길에서 라벤더 평원을 볼 수 있다. 주변에 라벤더로 유명한 곳이 많다. 자동차로 여행한다면 인근 성채도시(고르드, 쏘, 후쏠리옹)도 방문한다면 더없이 좋은 여행이다.

벨기에

서점 이름	기본정보	주변 관광지	여행 tip
르 울프 Le wolf	www.lewolf.be 주소 Rue de la Violette 18, 1000 Bruxelles Tel 32 2 512 12 30 개점시간 화–일 10–18시	그랑플라스에서 두 블록 거리, 주변에 각종 상점이 많다. 그랑플라스 주변	밤에 그랑플라스에서 펼쳐지는 빛축제는 정말 황홀하다. 그랑플라스 주변으로 볼거리 먹거리가 정말 많다.
쿡앤북 cook & book	www.cookandbook.be 주소 Place du Temps Libre 1, 1200 Woluwe-Saint-Lambert Tel 32 2 761 26 00 개점시간 월–수 8–10시 목금 8–11시 토 9–11시 일 9–9시	브뤼셀 시내 중심가에 좀 동떨어진 곳에 위치하고 있다. 브뤼셀 시내에서 충분히 시간을 보내고 저녁 나지막히 와서 식사와 함께 서점 구경을 해도 좋다	모든 섹션을 두루 구경하려면 적어도 반나절의 시간이 필요하다.
책마을 흐뒤 Redu Village du Livre	www.redu-villagedulivre.be/nl/ 주소 Place de l'Esro 63 6890 REDU (LIBIN) Tel 32 (0) 61 65 66 99		대중교통으로 찾아가기 힘들다. 렌트카를 이용하는 것이 좋다.
트로피슴 tropismes libraries	tropismes.com/ 주소 wnthGalerie des Princes 11, 1000 Bruxelles Tel 32 2 512 88 52 월 11:00–18:30 화–목 10–18:30 금 10– 19:30 토 10:30–19:00 일 13:30–18:30		브뤼셀 광장에서 가깝다. 멋진 아케이드 안에 있다. 주변에 맛집, 멋집이 가득하다.

책에 수록된 서점 정보

영국

서점 이름	기본정보	주변 관광지	여행 tip
워터스톤즈 waterstoens	www.waterstones.com/ bookshops/piccadilly 주소 203/206 Piccadilly, London, W1J 9HD Tel 020 7851 2400 월-토 9:00-22:00 일 12:00-18:30	오페라 극장, 차이나 타운, 명품거리 등등 볼거리가 너무 많다. 야경 또한 아름다운 거리.	피카딜리 서커스 역에서 내려 쇼핑가를 따라 다니다 보면 나타난다. 역시나 유명 관광지라 갈 곳이 너무 많다.
해저즈 hatchards	www.hatchards.co.uk 주소 187 Piccadilly, St. James's, London W1J 9LE, Verenigd Koninkrijk Tel -44 20 7439 9921 월-토 9:30-20:00 일 12:00-18:30		워터스톤즈 서점과 가깝다.

편집후기

이 글을 쓴 신경미 작가님과의 만남은 2016년부터 시작되었습니다. 인터넷에서 우연히 발견한 '네딸랜드'라는 필명을 가지고 유럽의 서점과 도서관 등 책문화와 관련한 글과 사진을 올린 블로그였습니다. '네딸랜드'라는 필명도 독특했지만 글을 읽으면서 서점에 대한 단순한 소개가 아니라 저자는 책에 대한 가치, 서점과 도서관에 대한 애착이 강하다는 것을 느꼈습니다. 평소 서점과 도서관 등 책문화 공간과 책의 가치에 대하여 관심을 가지고 있던 터라 이메일로 편지를 주고받으면서 〈출판저널〉에 연재를 시작하였고, 문화공간이자 지식을 파는 서점에 대하여 독자들과 공감하고자 책으로 묶어 냅니다.

신경미 저자는 낯선 땅 네덜란드에서 아이들 네 명을 키우면서 그곳에서 만난 서점과 도서관에 마음 쉴 곳을 찾았습니다. 한국에서 특수교육을 전공한 교육자로서, 엄마로서, 책을 사랑하는 독자로서 서점과 도서관은 그야말로 천국이었을 터.

그래서 이 책은 엄마로서, 교육자로서, 책을 사랑하는 독자로서 서점에 대한 이야기를 풀어냈습니다. 시간이 흘러 우리가 사는 세상이 변하듯 서점도 변합니다. 그렇게 시간이 변해 여기까지 오게 된 여정을 《시간을 파는 서점》에 기록합니다.

글/ 정윤희 대표에디터

독서생활자의 특별한 유럽 서점 순례

시간을 파는 서점

1판 1쇄 인쇄 2018년 5월 16일
1판 2쇄 발행 2018년 11월 30일

지은이 신경미
발행인 정윤희
편집 윤재연
디자인 샘
발행처 카모마일북스
       (카모마일북스는 피알엔코리아(주)의 단행본 브랜드입니다)
출판등록 제312-2009-000025호(2009년 5월 4일)
주소 서울시 강남구 남부순환로 2645 한독빌딩 406호
전화 02-313-3063
팩스 02-3443-3064
이메일 prnkorea1@naver.com
블로그 blog.naver.com/prnkorea1

ISBN 978-89-98204-47-1 (03920)
값 17,000원

- 이 책은 저작권법에 보호받는 저작물이므로 무단 전제와 무단 복제를 금합니다.
- 잘못된 책은 교환해드립니다.
- 카모마일북스는 콘텐츠의 진심을 독자들에게 전합니다. 세상을 변화시킬 저자님들의 원고를 기다립니다.
- 피알엔코리아(주)는 Publishing & Reading Network를 지향합니다.

포르투갈

서점 이름	기본정보	주변 관광지	여행 tip
버트란드 betrand	www.bertrand.pt/ 주소 R. Garrett 73, 1200-309 Lisboa Tel 351 21 347 6122 월-토 9:00-22:0 일 11:00-20:00		리스본의 중심구역으로 수많은 레스토랑과 카페가 많다. 페소아 동상이 가까이 있다.
리브라리아 레르 데바가르 Livraria Ler devagar	www.lerdevagar.com/ 주소 1300, R. Rodrigues de Faria 103, 1300 Lisboa Tel 351 21 325 9992 월 12:00-21:00 화-목 12:00-00:00 금-토 12:00-02:00 일 11:00-21:00	Lx Factory 창고형, 컨테이너 같은 대형 복합 문화공간으로 이곳 자체가 관광지이다.	리스본 시내에서 지하철이나 기차를 타고 가야하지만 반나절 이상의 시간적 여유를 두고 방문하는 것이 좋다. 서점 말고 볼거리가 많다.
리브라리아 렐루 Livraria Lello	www.livrarialello.pt/ 주소 R. das Carmelitas 144, 4050-161 Porto Tel 351 22 200 2037 개점시간 월-금 10:00-19:30 토-일 10:00-19:00	아줄레주(푸른 타일벽화)가 아름다운 건물이 가까이 있다.	포르투의 유명한 관광지가 몰려있는 곳이다. 다소 오르락 내리락 하지만 워낙 아름다운 동네이고 먹거리도 풍부한 동네다.